ダライ・ラマの智慧

幸せな生き方 満ち足りた死に方

ダライ・ラマ十四世
テンジン・ギャツォ 著

HIS HOLINESS THE DALAI LAMA

IN MY OWN WORDS

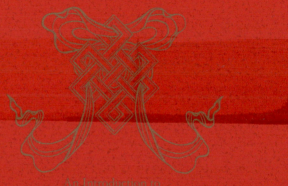

An Introduction to
My Teachings and Philosophy

ラジーヴ・メロートラ 編
ペマ・ギャルポ 監訳
家村佳子 訳

ハート出版

ダライ・ラマの智慧

幸せな生き方　満ち足りた死に方

HIS HOLINESS THE DALAI LAMA

IN MY OWN WORDS

An Introduction to
My Teachings and Philosophy

IN MY OWN WORDS

An Introduction to
My Teachings and Philosophy
by
HIS HOLINESS THE DALAI LAMA

苦しみからの解放を願うすべての衆生《しゅじょう》と、
その術を指南するあらゆる伝統の偉大な師たちに、本書を捧げます。

衆生：一切の生きているもののこと。

CONTENTS

ダライ・ラマの智慧　幸せな生き方　満ち足りた死に方　目次

CONTENTS

はじめに

ダライ・ラマ法王（テンジン・ギャツォ Tenzin Gyatso）の普遍的責任財団は、法王の思想、教え、そして分裂し混乱した世界に対するメッセージを、法王ご自身の言葉をもって、この序文でご紹介できることを嬉しく、光栄に思います。

農民の両親のもとに生まれたテンジン・ギャツォは、自らを「素朴な仏教僧」と表現しています。彼は、人間のありよう、なぜ人は苦しみを経験するのか、そして私たち全員が幸福を見出す方法についての深い洞察により、世界中の何百万もの人々から称賛されています。これは、人類の歴史の中で進化した最も洗練された複雑な精神的技法と実践に、彼が個人的に深く関わり続け、経験してきたことによって培われたものです。

彼は世界中の仏教徒にとっての信仰の権化であり、人間の最高の願望を体現しています。仏教徒にとって、ダライ・ラマは菩薩であり、人類を教え奉仕するために、老い、病、死という避けることのできない苦しみを伴う人間の姿に生まれることを、意識的に選んだ者なのです。

中国が大量虐殺を続けているにもかかわらず、六百万人以上のチベット人にとって、ダライ・ラマはチベットの未来への希望を象徴しています。そこでは、古代と現代を融合させた古い文明を自由に復活させ、彼のビジョンを現実のものとすることができるのです。ダライ・ラマは、仏教の教えを守りながら、亡命チベット人の民主化のための努力を続けています。チベットの問題は、ダライ・ラマの将来ではなく、チベット内外のすべてのチベット人の権利と自由の問題であると、彼はたびたび主張しています。今日、亡命先には選挙で選ばれた自治議会、首相、司法制度があります。ダライ・ラマは、チベットの大義の世俗的な指導者の地位から退くことを許されるよう、繰り返し嘆願しています。彼の卓越した世界的地位とチベットの人々の献身が、彼がチベットの大義の中心であり続けていることを意味しています。

世界中の何百万人もの人々にとって、彼は単に「法王」であり、常に微笑みを絶やさない顔、慈悲、利他主義、そして平和のメッセージで親しまれています。

ダライ・ラマは、他の偉大な師同様、教えることを体現し、説くことを実践しています。彼は、毎日午前四時に始まり、数時間続く規則的な実践を日課としています。彼は今でも、他のラマ僧から指導を受け、イニシエーションを授かっています。彼には、すべてを包括する悟りの絶頂も、啓示的な瞬間もありません。信奉者たちからは、生きる仏陀とみなされ讃えられていますが、彼自身はそのような主張はしていません。仏陀と同様、彼は私たちと同じ「普通」の人間です。道の段階を実践することで、私たちは皆幸福を見出し、苦しみを回避することができるのです。

法王は、地球上に住む一人ひとりのユニークさ、つまり、個々のニーズ、背景、視点を認識し、多様性を称賛しています。法王は、私たちがあらゆる伝統から学ぶことができ、また学ばなければならないように、法王の洞察と経験から学ぶことを私たちに勧めていますが、同時に、私たち自身の学びと個人的な成長の旅を進化させるように助言もしています。ダライ・ラマは、いかなる師や教えに対しても最も厳格な精査を奨励し、誰かに身を委ねる前に細心の注意を払うよう促し、精神的な素人好事家を思いとどまらせます。道には近道はありません。幸福と悟りへの週末、一週間、短期コースはありません。旅は目的地であり、旅に乗り出す時間は、絶え間なく展開する現在なのです。

ダライ・ラマの折衷《せっちゅう》的で包括的なビジョンは、チベットの人々の権利や現代の偉大な精神的指導者の一人としての立場を超えて、より広い世界に手を差し伸べるように導いています。他宗教との真の対話、科学者、政治家、学者、実業家、活動家たちとの対話など、さまざまな人々や団体に手を差し伸べることで、「多様性の中の統一」という融合した祝福を超えて、自分自身、互い、地球、宇宙と調和し、平和に共存する方法についての理解を深めることができるのです。本書は、史上偉大な精神的、宗教的指導者の一人と共に、この旅を始めるようあなたを誘《いざな》います。

第一章　幸せについて

人生の目的とは何か

　意識的に考えているかどうかにかかわらず、私たちの経験の根底には、一つの大きな問いがあります。それは、「人生の目的とは何か」ということです。私はこの問いについてよく考えてみました。読者の方々にとって直接的で実用的な利益になることを願い、私の考えを分かち合いたいと思います。

　人生の目的は幸せになることである、と私は信じています。この世に生まれた瞬間から、誰もが幸せを望み、苦しみを望んではいません。社会的条件も、教育も、イデオロギーも私たちのこの願いに影響を及ぼすことはありません。私たちの存在の奥深くから、私たちはただ満ち足りた人生を望んでいます。無数の銀河、恒星、そして惑星を有する

宇宙に深い意味があるのかどうか、私にはわかりません。しかし少なくとも、この地球に住む私たち人間が、自分自身のために幸せな人生を築くという課題に直面していることは明らかです。ですから何が最高の幸せをもたらすのかを見出すことが重要なのです。

初めに、あらゆる種類の幸せと苦しみを、精神的なものと物質的なものという、二つの主なカテゴリーに分けることができます。この二つのうち、私たちの多くに最も大きな影響を及ぼすのは心です。重病を患ったり、基本的な生活必需品を欠いていない限り、私たちの物質的な状態は人生において二次的な役割にとどまります。身体が満たされていれば、私たちは実質的に身体のことを顧みません。けれども心は、どんなにささいな出来事でも、すべてを記録します。ですから、私たちは心の平和をもたらすために、最も真剣な努力を尽くすべきなのです。

私は、自らの限られた経験から、最も深い内なる平穏は、愛と思いやりを育むことによってもたらされるということに気づきました。他者の幸せを大切にすればするほど、私たち自身の幸福感が高まります。他者に対して親密で温かな気持ちを育むことは、自然に心を安らかにします。これが、私たちが抱えている恐れや不安を取り除く手助けとなり、私たちが遭遇するいかなる障害にも対処する力を与えてくれます。これこそが、人生における究極の成功の源なのです。

この世に生きている限り、私たちは必ず数々の問題に遭遇します。そのようなときに、私たちが希望を失い落胆すれば、困難に立ち向かう能力が弱まってしまいます。一方で、もし私たちが、苦しみを経験するのは自分たちだけではなく、誰しもがそうであることを思い起こせば、より現実的な視点が開けて、困難を克服する決意と能力を高めてくれるでしょう。まさに、こうした心構えがあれば、新たな障害の一つ一つは、私たちの心を向上させるまたとない貴重な機会であると捉えることができるのです。こうして私たちは、思いやりをより深めていくために、少しずつ努力することができます。つまり、他者の苦しみに対する真の共感と、彼らの痛みを取り除こうとする意志の両方を育むことができるのです。結果として、私たち自身の心の静けさと内なる強さが増すのです。

愛の必要性

結局のところ、愛と思いやりが私たちに最大の幸福をもたらす理由は、ひとえに私たちの本質が何よりも愛と思いやりを慈《いつく》しんでいるからにほかなりません。愛の必要性は人間の存在の根底にあります。それは、私たち全員が互いに分かち合っている、深い相互依存から生じるものです。人がいかに有能で熟練していようとも、男も女も一人では生き残ることはできません。人生の最も豊かな時期に、人がいかに活力にあふれ自立していると感じていても、病気になったり、とても若かったり、非常に年老いていると、人は他者の支援に頼らなければなりません。

もちろん、相互依存は自然の基本法則です。高等生物だけではなく、宗教や法律、教育を持たない小さな昆虫であっても社会的に存在していて、相互のつながりを本能的に認識しながら、互いに協力しあうことによって生き延びています。最も微細なレベルの物理現象も、相互依存によって支配されています。事実、すべての現象は、それが海であれ、雲であれ、私たちを取り巻く森林であれ、エネルギーの微妙なパターンに依存して生成しています。この適切な相互作用がなければ、（世界という現象は）溶解し崩壊します。

とりわけ、私たち人間という存在は、お互いの助け合いに大いに依存していますから、愛の必要性は私たちの存在のまさに根底にあるのです。ですから私たちには、真の責任感と他者の幸福に対する心からの配慮が必要なのです。

私たち人間とは本当は何者なのかを考えなければなりません。私たちは、機械仕掛けの物ではありません。もし私たちが、単に機械的な存在にすぎないなら、機械そのものが私たちの苦しみすべてを和らげ、要求を満たしてくれるでしょう。しかし、私たちは単なる物質的な生き物ではないのですから、幸福へのすべての希望を外面的な発展だけに託すことは間違いなのです。その代わりに、私たちが何者であり、何を求めているのかを見出すために、私たちの起源や本質について考えるべきなのです。

宇宙の創造や進化という複雑な問題はさておき、私たちは少なくとも、一人ひとりが自分自身の両親から生まれていることには同意できるでしょう。一般的に受胎は、性的欲求という観点からだけではなく、親が子供を持つと決めたことからも起こります。そのような決断は、親の責任と利他主義に基づいており、子供が自分の世話をできるようになるまで、親が子供の面倒を見るという約束に基づいています。ですから、受胎の瞬間から、私たちの創造には両親の愛が込められています。さらに、成長の初期段階から、私たちは母親の世話に完全に依存しています。科学者らによると、妊婦の精神状態は、落ち着いていても動揺していても、胎児に直接身体的な影響を及ぼすといわれています。

愛情を表現することは、出生時にもとても重要です。私たちがまず初めにすることは、母親の乳房から母乳を吸うことなので、私たちは自然に母親に親しみを感じるようになります。そして、母親は子供をきちんと養うために、子供への愛を感じるはずです。反対にもし母親が怒りや恨みを感じると、母乳が十分に出なくなるかもしれません。次に、出生時から少なくとも三歳か四歳まで、脳の発達の臨界期があり、この時期の愛情に満ちた身体的な接触は、子供の正常な成長にとって、唯一最も重要な要素なのです。もし子供が抱っこされたり、抱きしめられたり、愛されなければ、成長は阻害され、脳は正しく発達しないでしょう。

子供たちが成長し、学校に入学すると、支援の必要性を教師が満たさなければなりません。もし教師が学問的な教育を与えるだけでなく、生徒が人生に向けての準備をする責任を担うのなら、生徒たちは信頼と尊敬を感じ、教師から受けた教えは、生涯心に刻み込まれることでしょう。一方、生徒たちの全般的な幸せに真の関心を示さない教師によって教えられたことは、長く心にとどまらないでしょう。

今日では、多くの子供たちが不幸な家庭で育っています。もしそのような子供たちが、適切な愛情を得られなければ、後の人生において、彼らが親を愛することはほとんどなく、他人を愛することが難しいと感じることも少なくありません。これはとても悲しいことです。

結局のところ、子供は誰かに世話をしてもらわなければ生きていけないのですから、愛こそ最も大切な栄養源なのです。幼少期の幸せ、子供のさまざまな恐れの緩和、自身の健全な発達は、すべて直接愛に依存しています。

同様に、もし人が病気になって、病院で温かい人間味溢れる医師からの治療を受けると、人は安心します。医師の技術的なスキルの度合いに関係なく、最善のケアを提供しようという医師の思い自体が、病気を治すのです。それに反して、医師が人情に欠けていて、無愛想な表情を見せたり、せっかちだったり、さりげなく無視したりすれば、たとえその人が最も有能な医師で、病気を正しく診断し、適切な薬を処方していたとしても、人は不安を感じるでしょう。必然的に患者がどう感じるかが、回復の質と完全さに関して、違いをもたらすことになるのです。

日常生活において普通の会話をするときでさえ、人が人情を持って話すと、私たちは聞くことを楽しみ、適切に応えます。どんな取るに足らない話題でも、会話全体が興味深いものになります。その一方で、誰かが冷たい物言い、あるいは厳しい物言いをするのなら、私たちは不安な気持ちになり、やりとりが早く終わってほしいと願うでしょう。些細なことから最も重要な出来事まで、他者への愛と敬意は、私たちの幸せにとって欠かすことができないものなのです。

最近出会ったアメリカの科学者たちは、彼らの国でメンタルヘルスの問題を抱える者の割合が非常に高く、人口の約十二%に上ると話していました。語り合ううちに、鬱病の主な原因は、物的必需品の不足ではなく、他者からの愛情が欠乏しているからであることが明らかになりました。ですから、私がこれまで書いてきたすべてのことからわかるように、私たちが意識的に気づいているかどうかにかかわらず、生まれたその日から、人間には愛情が必要であることがまさに私たちの血に脈打っています。たとえその愛情が、動物や普段は敵と見なしている人からもたらされるとしても、子供も大人も、自然にその愛情に引き寄せられるのです。

生まれながらにして愛を必要としない人などいないと、私は信じています。そしてこれは、一部の現代の思想がいっているような、人間を単に物質的なものと定義することはできないことを示しています。どんなに美しく、価値あるものだとしても、物質的なものは私たちに愛されていると感じさせることはできません。それは、私たちのより深いアイデンティティや真の性格は、心の主観的な性質にあるからです。

思いやり

ある私の友人たちが、愛と思いやりは素晴らしい良いことであるが、実際にはあまり関係はないと言いました。私たちの世界は、そのような信念がさしたる影響力や力を持つ場所ではない、と彼らは言います。怒りや憎しみは、それほどまでに人間の本質の一部となっており、人間は常に怒りや憎しみによって支配されるだろう、と彼らは主張しています。しかし、私はその考えに同意できません。

私たち人間（ホモサピエンス）は、約二十万年前から現在の姿で存在しています。もしこの間に、人間の心が主に怒りと憎しみによって支配されていたなら、全体の人口は減少していたことでしょう。しかし今日、あらゆる戦争があったにもかかわらず、人口はかつてないほど増加していることがわかります。このことは、まず愛と思いやりが世界を支配していることをはっきりと示しています。

思いやりのある行動は、あまりに日常生活の一部となっており、当然のこととして受け止められているため、それゆえに、ほとんど無視されています。これが不愉快な出来事がニュースになる理由なのです。

これまで私は主に、思いやりがもたらす精神的な利点について論じてきましたが、思いやりは身体の健康にも貢献しています。私の個人的な経験によりますと、精神的安定と身体的健康は直接関係しています。間違いなく、怒りや動揺は私たちを病気にかかりやすくします。一方、心が穏やかでポジティブな思考で占められていれば、体は簡単に病気にかかることはありません。

しかし、私たちはみな、他者への愛を妨げるような、持って生まれた自己中心性を有していることも確かです。このように、私たちは穏やかな心によってのみもたらされる真の幸せを望み、そのような心の平和は思いやりのある態度によってのみもたらされます。では、どうやってその心を育むことができるのでしょうか。明らかに、思いやりがいかに素晴らしいかを考えるだけでは、十分でありません！　思いやりを育むためには、協力し努力する必要があります。私たちの思考と行動を変えるために、日常生活におけるすべての出来事を活用しなければなりません。

　まず初めに、思いやりとは何を意味するのかを、明確にしなければなりません。思いやりの感情の多くの形には、欲望や執着が混在しています。例えば、親が子に対して抱く愛情は、たいてい親の感情的欲求と強く結びついているため、完全な思いやりではありません。さらに、結婚においても、夫婦の愛は、特に出会った頃、お互いの深い性格を十分に知らない場合、真の愛よりも執着に依存します。私たちの欲望は非常に強力なため、私たちが愛着を持っている人が、実際には欠点があっても、良い人に見えることがあります。さらに私たちは、小さな長所を過大視する傾向があります。よって、相手の態度が変わると失望し、自分の態度も変わるのです。これは、愛が他者に対する真の配慮よりも、個人的な要求によって突き動かされていることを示しています。

　真の思いやりとは、単なる感情的な反応ではなく、理性に基づいた確固たる決意なのです。ですから、相手が否定的な行動をとっても、その人に対する真の思いやりは変わることはありません。

もちろん、こうした思いやりの心を育むことは、簡単なことではありません！　そこでまず初めに、以下の事実について考えてみましょう。

人が美しく友好的であろうと、魅力に欠け迷惑な行動を起こそうとも、結局のところ、彼らも自分と同じ人間です。自分と同じように、人は幸せを望み、苦しみを望んではいません。そして、苦しみを克服し幸せになる権利は、自分と同じなのです。

すべての生き物が幸せを望み、幸福を手に入れる権利において平等であると認識するとき、彼らに対して自然と共感と親近感を抱くようになります。この普遍的な利他主義の感覚に心を慣らすことによって、他者に対する責任感が育まれます。つまり、彼らが問題を克服するのを積極的に手助けしたいという思いが深まっていきます。この思いは人を選ばず、すべての人に等しく当てはまります。人があなたと同じように喜びや痛みを経験している人間である限り、彼らが否定的な行動をとった場合、彼らを区別したり、彼らに対する配慮を変える論理的根拠はありません。

忍耐と時間が必要ですが、この種の思いやりを育む力があなたの中に備わっているということを、強調させてください。もちろん、私たちの自己中心性、つまり独立した自己存在としての「私」に対する特有の執着は、根本的に私たちの思いやりを妨げる働きをしています。確かに真の思いやりは、この種の自己執着が取り除かれた時にのみ経験することができます。しかし、今すぐ始めて前進できない訳ではないのです。

思いやりへの第一歩

私たちは、思いやりに対する最大の障害である怒りと憎しみを取り除くことから始めなければなりません。ご存じのように、怒りや憎しみはきわめて強力な感情であるので、私たちの心全体を圧倒してしまう可能性があります。それでも、怒りや憎しみの感情は、コントロールできるのです。しかし、もしコントロールできなければ、このような否定的な感情は私たちを悩ませ、自ずと、愛情深い心の幸せを追求する妨げとなります。

そこでまず初めに、怒りに価値があるかどうかを調べることは有益です。時として、困難な状況に落胆しているとき、怒りは役立つように見え、より多くのエネルギーや自信、決意をもたらすように思えます。しかしここで、私たちは注意深く、自分の精神状態を観察しなければなりません。怒りが更なるエネルギーをもたらすことは事実ですが、このエネルギーの本質を探れば、それが無明《むみょう》であることがわかります。その結果が、プラスになるかマイナスになるかはわかりません。これは、怒りが脳の最も優れた部分である理性を、覆い隠してしまうからです。ですから、怒りのエネルギーはほとんどの場合、当てになりません。それは計り知れない数の破壊的で不幸な行動を引き起こす可能性があります。さらに、怒りが極限まで高まると、他人や自分をも傷つける行動を取るようになります。

しかし、困難な状況に対処するにあたって、同じように強力でありながら、はるかに制御されたエネルギーを発達させることができます。この制御されたエネルギーは、思いやりのある態度からだけではなく、理性と忍耐からも生まれます。理性と忍耐を伴う

無明：無知のこと。とくに仏教の説く法に暗いことをいう。

思いやりは、怒りに対する最強の解毒剤です。残念ながら多くの人が、こうした特質を弱さの表れだと誤解しています。私は、その逆だと思います。これこそが、内なる強さの真の証なのです。思いやりの心は、本来穏やかで安らかで柔軟ですが、とても力強いものでもあります。忍耐力を失いやすい人こそ、心配性で不安定なのです。ですから私は、怒りが起こることは、まさに弱さの表れだと思っています。

そこで、最初に問題が発生したとき、謙虚になって、誠実な態度を保ち、結果が公平であることに注意を払うよう努めましょう。もちろん、相手はあなたを利用しようとするかもしれません。距離を置いていることで、不当な攻撃を助長するだけなら、強固な態度を取るべきです。しかし、これも思いやりの心を持って行うべきであり、あなたの意見を述べ、強固な対策を講じる必要があるのなら、怒りや悪意を伴わずに行うべきです。

たとえ相手があなたを傷つけようとしても、彼らの破壊的な行動は、最終的に彼ら自身を傷つけるだけなのです。仕返しをしたいという自分の利己的な衝動を抑えるために、思いやりを実践したいという願望を思い出し、彼らの行いが招いた結果に苦しむのを防ぐ責任を負うべきです。したがって、あなたが使う手段は冷静に選ばれているので、より効果的で、より正確で、より強力なものになるでしょう。怒りという盲目的なエネルギーに基づく報復は、的外れに終わることが多いのです。

友人と敵

思いやりや理性、忍耐は良いものだと単に考えるだけでは、そのような特質を伸ばすには十分ではないということを、もう一度強調しておかなければなりません。私たちは、困難が生じるのを待って、思いやり、理性、忍耐力を実践してみるべきなのです。では、誰がそのような機会を作ってくれるのでしょうか。それはもちろん、友人ではなく、敵が与えてくれるのです。敵こそが、私たちに最も厄介な問題を与えてくれます。もし私たちが真に学びたいと願うのなら、敵を最高の教師だと考えるべきなのです！　思いやりと愛を大切にする人にとって、寛容さの実践は不可欠であり、そのためには敵はなくてはならないのです。穏やかな心を育むのを最も助けてくれるのは敵なのですから、私たちは彼らに感謝すべきなのです。状況が変われば、敵が味方になるということは、公私ともによくあることです。

ですから、怒りや憎しみは常に有害であり、もし私たちが心を鍛え、ネガティブな力を減らす努力をしない限り、怒りや憎しみは私たちの心を乱し続け、私たちが穏やかな心を育もうとするのを妨げ続けるでしょう。怒りと憎しみこそ、私たちの本当の敵なのです。これらこそ、私たちが最も立ち向かい打ち負かすべき力であり、一生を通じて折々に現れる一時的な敵ではありません。

もちろん、誰もが友人を求めるのは当然で正しいことです。私はよく冗談で、本当に利己的になりたいなら、利他主義に徹するべきだと言います。あなたは、他人の面倒をみて、幸せを案じ、助け、奉仕し、もっとたくさんの友達を作り、笑顔を増やさなければなりません。その結果はどうなるでしょうか。あなたが助けを必要としたとき、大勢の人が助けてくれるでしょう。一方、他人の幸せを無視するなら、長期的にはあなたは敗者になるでしょう。友情は、いさかいや怒り、嫉妬や激しい競争から生まれるでしょうか。私はそうは思いません。愛情だけが、私たちに真の親友をもたらすのです。

今日の物質主義社会では、お金と権力があれば、友人がたくさんいるように見えます。しかし、彼らはあなたの友人ではなく、あなたのお金と権力の友人なのです。あなたが富と影響力を失ったとき、彼らを見つけ出すのは難しいでしょう。

厄介なことは、世の中の物事がうまくいっているとき、自分一人で何とかできると自信を持ち、友人などは必要ないと感じてしまうことです。しかし、地位が下がり健康が衰えると、いかに自分たちが間違っていたかすぐに気づくのです。その時こそ、誰が本当に助けてくれるか、誰が全く役に立たないか理解するのです。その時に備えるために、必要な時に手を貸してくれる真の友人を作るため、私たちは利他心を養わなければなりません。

言うと笑われることもありますが、私自身は常にもっと友達が欲しいと思っています。私は笑顔が大好きです。そのために、どうすればもっと友達を作れるのか、どうすればもっと笑顔、特に本物の笑顔を増やすことができるのかという悩みを抱えています。笑顔には、皮肉っぽい笑顔、見せかけの笑顔、外交的な笑顔など、様々な種類の笑顔があります。笑顔の多くは、満足感をもたらさず、時として疑惑や恐怖を生み出すことさえできるのではないでしょうか。しかし、本物の笑顔は本当に新鮮な気持ちを与えてくれますし、人間特有のものだと思うのです。もしそういった本物の笑顔を求めるのであれば、私たち自身が、笑顔になる理由を作らなければなりません。

思いやりと世界

最後に、この短い記事のテーマだけにとどまらず、もっと幅広く私の考えを手短に申し述べたいと思います。個人の幸せは、人間社会全体の総合的な向上に、深く効果的な方法で貢献することができます。

私たちはみな、同じように愛を求めています。ですから、どのような状況においても、出会う人は誰でも、兄弟や姉妹だと感じることができます。どんなに顔が見慣れなくても、服装や振る舞いが違っていても、私たちと他の人たちとの間に、大きな違いはありません。私たちの基本的な性質は同じなのに、外見の違いにこだわるのは馬鹿げたことです。

究極的に、人類は一つであり、この小さな惑星は、私たちのかけがえのない故郷なのです。この私たちの「宇宙船地球号」を守ろうとするのなら、一人ひとりが普遍的な利他主義の生き生きとした感覚を経験する必要があります。この感覚だけが、人を欺き、互いを悪用し合う自己中心的な動機を取り除いてくれるのです。もしあなたが誠実で寛容な心を持っていれば、自尊心や自信を自然に感じるようになり、他人を恐れる必要はなくなるのです。

家族、部族、国家、国際など、社会のあらゆるレベルにおいて、より幸せで成功した世界へと私たちを導く鍵は思いやりを育むことだ、と私は信じています。私たちは宗教を信仰する必要も、あるイデオロギーを信じる必要もありません。必要なのは、私たち一人ひとりが、良い人間性を育むことだけです。

私は、誰と会っても旧友のように接するように心がけています。これは私に真の幸福感を与えてくれます。これが思いやりの実践です。

第二章　仏教とは何か

妄想から自分を解放する手段

仏教を実践することは、自分の心の中にある負の力と正の力の間で闘いを交わすということです。瞑想者は、否定的なものを弱め、肯定的なものを伸ばし高めようとします。

意識の中の、負の力と正の力の間の争いにおいて、進歩を測る物理的な指標はありません。怒りや嫉妬などの、自分の妄想を初めて特定し認識したときから、変化が始まります。そして、人は妄想に対する解毒剤を知る必要があり、その知識は教えに耳を傾けることで得ることができます。妄想を取り除く簡単な方法はなく、手術で取り出すことはできません。妄想を認識し、その次に教えを実践することで徐々に減らし、そして完全に排除することができます。

これらの教えは、妄想から自分を解放する手段、つまり最終的にあらゆる苦しみからの解放と、悟りの至福につながる道を示しています。「ダルマ」、つまり仏教の教えを理解するにつれ、プライド、憎しみ、貪欲や、多くの苦しみを引き起こすその他のネガティブな感情を支配する力は弱まります。何カ月、何年にもわたって、この理解を日常生活に応用することで、心は次第に変化していきます。そうでないように思われがちですが、心は変化するものです。今の自分の心の状態と、この本を読んだ後の心の状態を比べてみると、何らかの改善に気がつくかもしれません。もしそうであれば、これらの教えは目的を果たしたことになります。

サンスクリット語で【ダルマ（dharma）】という言葉は、「保持するもの、保つもの」を意味します。すべての存在は、独自の実体や性格を保持している、あるいは担っているという意味で、ダルマはつまり現象であるのです。また宗教は、人々を引き留めたり、あるいは、災いから私たちを守るという意味で、ダルマです。ここでの「ダルマ」という用語は、後者の定義を指します。大雑把にいえば、身体、言葉、心の高尚な行為は、ダルマとみなされます。それは、そのような行動を通じて、人はあらゆる災禍から守られ、引き留められるからです。そのような行為の実践が、ダルマの実践なのです。

仏陀

釈迦牟尼仏《しゃかむにぶつ》（Buddha Shakyamuni）こと仏陀《ぶっだ》は、二五〇〇年以上前にインドで誕生しました。彼は王子として生まれ、子供の頃から、知識と思いやりの両方において成熟していました。彼は、人はみな幸せを望み、苦しみを望まないということを、生まれながらに理解していました。

苦しみは、常に外側からやってくるものではありません。飢餓や干ばつのような問題だけが関係しているわけではありません。そうであれば、例えば食料を蓄えることで、苦しみから自分を守ることができます。しかし、病気や老い、死といった苦しみは、私たちの存在の本質に関わる問題であり、外的条件を変えることで、克服できるものではありません。さらに、私たちの内には、あらゆる種類の問題に影響されやすい、この制御されていない心があります。心は、疑いや怒りのようなネガティブな思考に悩まされています。私たちの心が、この多くのネガティブな思考に悩まされている限り、たとえ柔らかくて着心地の良い服を着て、おいしい食べ物を食べたとしても、私たちの問題を解決することはないのです。

すべての衆生への慈悲に突き動かされ、仏陀はこれらの問題のすべてを観察し、自分自身の存在の本質について思案しました。彼は、すべての人間が苦しみを経験していることに気づき、私たちがこのような不幸を経験するのは、心が律せられてないからだと考えました。仏陀は、私たちの心があまりにも乱れていて、夜眠ることさえできないことがよくあることに気づきました。このような難局に直面し、彼は賢明にも、これらの問題を克服する方法はないかと問いました。

彼は、宮殿で王子の生活を送ることは、苦しみを取り除く方法ではないと判断しました。むしろ、それは妨げでした。そこで彼は、妻と息子との交わりを含め、宮殿の快適さをすべて捨て、ホームレス生活に乗り出しました。探求の過程で、彼は多くの師に相談し、彼らの教えに耳を傾けました。彼らの教えは役に立ちましたが、苦しみを取り除く方法という問題に対する究極の解決策を与えてはくれませんでした。

彼は六年間、厳しい苦行を行いました。王子として享受してきたものすべてを捨て、厳しい苦行を行うことによって、瞑想的理解を深めることができました。菩提樹《ぼだいじゅ》（神聖なイチジクの木）の下に座り、仏陀は障害となる力を克服し、悟りを開きました。その後、彼は自らの経験と悟りに基づいて教義（法輪）を説き広め、教え始めました。

私たちが仏陀について話すとき、最初から仏陀だった人のことを話してはいません。彼も私たちと同じように始めました。彼は私たちと同じ苦しみ、つまり生、老、病、死を目の当たりにした普通の衆生でした。彼は私たちと同じように、さまざまな考えや感情――幸せな感情や痛みの感情――を持っていました。しかし、彼の強く統合された精神修行の結果、悟りに至る精神的な道のさまざまな段階を達成することができました。

仏陀の人生を振り返るとき、私は不安な気持ちになることがあります。仏陀の教えは、さまざまなレベルで解釈することができますが、六年間の厳しい修行を積んだことは、歴史的な記述からも明らかです。これは、ただ寝て、リラックスし、人生の快適さのすべてを享受するだけでは、心は変えられないことを示しています。長い期間にわたって懸命に努力し苦難に耐えてこそ、悟りを得ることができることを示しています。

何の努力もしないで、短期間ですべての精神的レベルや悟りを得ることは容易ではありません。私たちが模範としている教えの提唱者である仏陀でさえ、苦難を経験しなければなりませんでした。では、いわゆる修行を行い、のんびり過ごすだけで、どうやって精神的な高みに到達し、悟りを開くことができるのでしょうか。過去の偉大な精神的指導者たちの話を読むと、多くの瞑想や孤独、そして修行を通して精神的な悟りを得たことがわかります。彼らは、近道はしませんでした。

苦しみの根源は無知であり、ここでは、無知とは自分自身に対する誤解を意味します。私たちが遭遇する無数の苦しみすべては、誤解、この間違った理解から生じます。ですから、仏陀が慈悲の心からすべての間違った見解を捨て去ったといわれるとき、それは仏陀がすべての衆生の利益のために働く慈悲の心を持っていたことを意味します。衆生に利益をもたらすために、間違った見解やネガティブな思考から解放された、さまざまなレベルの教えを与えました。したがって、これらの教えに従う人は、正しい見方を理解し、それを実践することによって、苦しみを取り除くことができるのです。このような崇高な教えを与えてくれた仏陀に、敬意を表します。

仏陀を身体、言葉、心のすべての偉大な資質を達成するように駆り立てた主な動機は、慈悲心でした。私たちの修行の本質もまた、他者を助けたいという願いであるべきです。このような利他的な願いは、幸せになりたいと願い、苦しみを避けたいと願う点で、他者も私たちと同じであるという認識から、私たちの心の中に自然に存在しています。それは種子のようなもので、修行を通じて守り、成長を助けることができます。仏陀のすべての教えは、基本的に優しい心と利他的な心を育てようとするものです。

仏の道は慈悲、つまり他者が苦しみから解放されるようにという願いに基づいています。これは他者の幸せが、究極的には自分の幸せよりも重要であるという理解につながります。なぜなら、他者がいなければ、精神的な修行も悟りの機会も得られないからです。私は、私が優れた知識や高い認識を持っているなどと主張しているわけではありませんが、これらの指導をしてくださった恩師たちの優しさを思い出し、すべての存在の幸せを案じ、私はこれらの教えをあなた方に提供します。

チベットのダルマ

この自由で幸運な人間としての貴重な命は、たった一度だけ手に入れることができます。過去に数えきれないほどの人生を生きてきたにもかかわらず、私たちはまだ一度も、この貴重な人間の命を、適切に活用することができていません。今日、私たちは幸運にも、精神的、肉体的な能力が損なわれていない人生を見つけました。そして、ダルマを実践することに多少の関心を持っています。このような人生は唯一無二のものです。同様に、私たちがアクセスできるダルマも唯一無二です。ダルマはまずインドで仏陀から派生し、その後のインドの偉大な導師たちによって受け継がれました。

次第にチベットで繁栄するようになり、仏教の実践の伝統は今もしっかりと息づいています。雪国のチベットは、仏陀の教えを完全な実践範囲に維持しています。ですから、今このとき、私たち自身と他のすべての衆生にとって最善の目的を達成するために、この教えを活用する努力をすることが極めて重要なのです。

仏教がチベットに伝わったのは、八世紀になってからで、九世紀にはラン・ダルマ(Lang-dar-ma)王によって仏教の実践が非合法化されました。今日の中国がやっているように、教えの主要な中心地であった僧院を閉鎖しました。ラン・ダルマによる仏教の破壊は広範囲に及びましたが、遠隔地での修行はまだ可能で、伝統は守られていました。

十一世紀には、教えを実践するための二つのアプローチの存在をめぐり、混乱が生じました。すなわち、悟りに達するためには何度も生涯をかけて学び実践する道の【スートラ(sutra)】と、一度の人生だけでも悟りを開くことができる秘密の修行法の【タントラ(tantra)】が存在しました。十一世紀に、アティーシャ(Atisha)というインドの僧侶は、仏陀の教えを説明し、仏教徒でない哲学者との討論で仏陀の教えを擁護したことで有名になりました。彼は、何世紀にもわたって発展してきた多様な仏教哲学の立場や、在家と僧侶の修行体系をまとめることができました。彼は、あらゆる哲学学派から、無党派で権威ある師とみなされていました。

チベット仏教にはニンマ派、サキャ派、ゲルク派、カギュ派の四つの宗派があります。これらの宗派のいずれかが、他より優れていると主張するのは大きな間違いです。四つの宗派はみな、仏陀という同じ師に従い、スートラとタントラの体系を組み合わせたものです。私は、四つの宗派すべてに対する信仰と称賛を育むよう努力しています。単なる外交的ジェスチャーとしてではなく、強い信念から行っています。また、ダライ・ラマとしての私の立場にふさわしく、四つの宗派の教えについて十分な知識を持ち、私のもとを訪れる人々に助言を与えることができます。そうでなければ、腕のない母親が、溺れる子どもを見ているようなものです。

以前、ニンマ派の瞑想者が来て、私がよく知らないある修行について私に尋ねました。私は、彼の質問に答えてくれる偉大な師のもとに彼を送ることができましたが、彼が心から私からの教えを求めて来たのに、彼の願いを叶えることができず、落ち込みました。

他人の願いが、自分の能力を超えているのであれば話は別ですが、自分の能力の範囲内である限り、一人でも多くの衆生の精神的な要求を満たすことがとても重要なのです。私たちは、教えのあらゆる面を研究し、それに対する称賛を育まなければなりません。

また、チベット仏教が他の仏教より優れていると考えるべきではありません。タイ、ビルマ、スリランカでは、僧院の規律の実践に真摯に取り組んでいます。チベットの僧侶たちとは異なり、彼らは、二五〇〇年前に仏陀と彼の弟子たちが実践していた、食べ物を乞う托鉢の習慣を今も続けています。私はタイで、僧侶たちの巡回に参加しました。それは、晴れた暑い日でした。伝統では、靴を履かずに行うので、私の足はとても焼けてしまいました。タイの僧侶の修行を見ることは感動的でした。

最近、精神的な伝統や宗教の実践に対して、否定的な見方しかしない人がたくさんいます。彼らは、宗教団体がどのように大衆を食いものにし、彼らの財産を奪っているのかしか見ていないのです。しかし、彼らが見ている欠点は、伝統そのものの欠点ではなく、他の信者を犠牲にして自分を向上させるために精神的な言い訳を使う修道院や教会のメンバーのように、そのような伝統の信者を名乗る人たちの欠点なのです。精神的実践者自身が不注意であれば、その実践にかかわるすべての人に反映されます。制度化された欠点を正そうとする試みは、伝統全体に対する攻撃だと誤解されることが多いのです。

宗教は有害であり、自分たちを助けることはできないと結論づけている者も多くいます。彼らは、いかなる形の信仰も拒絶します。また、精神的な修行にはまったく無関心で、自分たちの世俗的な生き方に満足している人もいます。彼らは物理的にも物質的にも満足していて、宗教に賛成でも反対でもありません。けれども、幸せを手に入れて苦しみを避けたいという本能的な願いを持っているという点では、みな平等なのです。

仏教の修行では、――生まれる苦しみ、老いる苦しみ、地位の変動による苦しみ、今生の不確実性の苦しみ、そして死の苦しみ――このような苦しみを避けるのではなく、私たちは意図的にそれらを視覚化するのです。私たちは意図的に苦しみについて考え、実際にそれらの苦しみに直面したときに備えられるようにしています。私たちが死に直面したとき、その時がやって来たのだと悟るでしょう。それは、私たちの体を守らないということではありません。病気になると、薬を飲み、死を避けようとします。しかし、死が避けられないのであれば、仏教徒は覚悟を決めるでしょう。

生と死、解放、あるいは全知の境地といった問題はひとまず脇に置いておきましょう。今生においても、ダルマについて考え、ダルマを信じることは、実用的な利益をもたらします。チベットでは、中国人が組織的な破壊と拷問を行っていますが、それでも人々は希望と決意を失っていません。それは仏教の伝統のおかげだと私は思います。

中国の支配下における仏教の破壊は、九世紀のラン・ダルマの支配下の時ほど長くは続いていませんが、破壊の程度は遥かに大きいのです。ラン・ダルマがダルマを破壊したとき、チベットに来て仏教の実践全体を復活させたのは、アティーシャでした。今、私たちに能力があろうとなかろうと、中国によって組織的に破壊されたものを回復させる責任は、私たち全員にあるのです。仏教は全世界の宝です。この教えを指導し、耳を傾けることは、人間の豊さに貢献することです。すぐに実践できないことがたくさんあるかもしれませんが、教えを忘れない限り、来年、あるいは五年後、もしくは十年後に実践できるよう、あなたの心にとどめておいてください。

私たち亡命チベット人は、祖国を失うという悲劇に見舞われていますが、ダルマの実践において、広い意味では障害から解放されています。どの国に住んでいても、亡命した師を通じて仏陀の教えに接することができますし、瞑想に適した状況を作り出す方法を知っています。チベット人は、少なくとも八世紀から、これを行ってきました。一九五〇年代の中国の侵攻後も、チベットに残った人々は、肉体的にも精神的にも大きな苦しみを経験しなければなりませんでした。僧院は廃墟にされ、偉大な教師たちは投獄され、仏教の実践は投獄や死刑によって罰せられました。

忙《せわ》しくなくなるときを待つのではなく、あらゆる機会を利用して、真理を実践し、自分自身を向上させなければなりません。この世の活動は、池の波紋のようなものです。ひとつが消えれば、また別のものが現れ、終わりはないのです。世俗的な活動は、死ぬときまで止まることはありません。私たちは、自分の日常生活の中で、ダルマを実践する時間を見つけなければならないのです。私たちが貴重な人間の姿を手に入れ、ダルマと出会い、ダルマをある程度信じるようになったこの時点でダルマを実践することができなければ、そのような状況がない将来の生涯において、実践を行うことは難しいでしょう。悟りの境地に到達するためのすべての方法を手に入れることができる、このような奥深いシステムに出合った今、ダルマが私たちの人生に何らかの影響を与えるように努めなければ、とても悲しいことです。

第三章　仏教の基本的な教え

四諦（四つの聖なる真理）

二五〇〇年前に悟りを開いた後、仏陀は瞑想から目覚めました。彼の最初の教えの主題は、【四諦《したい》】でした。

第一の聖なる真理は、苦しみの真理【苦諦《くたい》】で、私たちの幸福は絶えず過ぎ去っていくという事実のことです。私たちが持つすべては無常です。私たちが一般的に現実だと考えるものの中に、永続的なものはありません。無知、執着、そして怒りは、私たちの容赦ない苦しみの原因なのです。そして、第二の聖なる真理は、苦しみの原因を理解するという【集諦《じったい》】です。苦しみ（妄想）の根源を取り除くと、苦しみが止まった状態、つまり第三の聖なる真理【滅諦《めったい》、あるいは涅槃《ねはん》】に到達します。第四の聖なる真理は、苦しみの停止に達する道が存在するということの【道諦《どうたい》】です。自分の心の中でその状態に達するためには、道をたどらなければなりません。

これらの四諦を理解するために、それらが他の二つの真理、すなわち相対的真理と絶対的真理に根ざしていることを理解する必要があります。相対的真理のレベルでは、これとあれ、私と他者のように、それぞれが独立した存在を持っているように見えます。しかし、絶対的真理の観点からは、あらゆる物体やあらゆる存在は、他のすべての既存の存在に依存してのみ存在することがわかります。

この認識によって、究極の存在形態、すなわち、何であれ独立した、あるいは固有の孤立した存在が、完全に欠如していることへの理解がもたらされます。この現象の究極的な性質は、【空《くう》】と呼ばれ、この二つの異なる概念は、現象の従来の形態と究極の形態として知られています。現象の本質に関するこれら二つの真理を理解すると、現象は条件に依存して生じ、それ自体の独立した存在が完全に欠けているということがわかります。ある条件が揃うと現象が生じます。もし協力的な条件が揃わないか、もしくは停止すれば、これらの現象は存在しません。つまり、これが現象が生じ、消滅するプロセスなのです。

四諦を説明するとき、私は一個人の文脈ではなく、人類全体、あるいはこの世界共同体、人間社会の文脈で説明します。それではまず、第一の真理である、苦諦についてです。苦しみにはさまざまな苦しみがありますが、今、最も恐ろしく最も深刻な苦しみは、戦争の苦しみです。世界の状況は、一人ひとりの命だけでなく、むしろこの地球全体の人々の命が危険にさらされているのです。

次に、苦しみの根源を探すと、この根源は心の中にあり、特に執着や怒りなどの精神的な要因や心の歪み、そして怒りに関連する悪、すなわち嫉妬にあることがわかります。怒り、憎しみなどは、苦しみの実際の原因です。確かに、外部世界には兵器もありますが、これらの兵器自体は、人間によって使用される必要があるので、問題の原因ではありません。兵器は自分たちだけでは働くことができませんし、人間が使うためには、動機がなければなりません。その動機とは、主に憎しみと執着、特に憎しみです。

これは悪質な心理状態です。私たちが満足していて、幸せで、落ち着いていたら、私たちには内なる平和があります。内なる平和、精神的な平和がなければ、どうやって外なる平和が得られるのでしょうか。心に平和があれば、人々に原子爆弾を落とすことはできません。平和の確立を求めるには、心に目を向けなければなりません。精神的な欠陥を破壊するには、外的な武器はまったく役に立ちません。唯一の方法は、自分自身の心をコントロールする努力をするしかないのです。

さてここで、苦しみの停止の真理、滅諦についてのお話です。怒りや嫉妬のような心の歪みの停止は、最終的には根絶できるものとして、将来的に期待すべきものであることは明らかです。今できることは、未来を予見しようとすることなのです。私たちの将来がどうなるのかを明確に理解すれば、怒りのような精神的欠陥は確実に軽減されるでしょう。怒りを効果的に抑えるには、プライドや嫉妬といった怒りにつながる状況を避けなければなりません。プライドや嫉妬を捨て、逆に嫉妬やプライドとは相容れない心の状態に、自分を慣らさなければなりません。そのような心の歪みを軽減することが可能であることは、検証できることです。

苦しみの停止への道の真理は、その根底にあるもの、思いやり（慈悲）です。これは、思いやりのある心や親切な心を育むこと、つまり、他者への奉仕と利益に対する意欲を育むことです。これこそが、苦しみの停止への道の真髄《しんずい》なのです。思いやりの心を養うには、人種、文化、外見、さまざまな哲学的伝統など、人類間のこうした分裂の影響を最小限に抑えることが必要です。これらの分類はさておき、東洋人であろうが西洋人であろうが、信者であろうと無信者であろうと、人間は人間であり、この大きな要素を共有しているという事実を強く意識するようになります。私たちはみな人間、すなわち同じ種類の存在なのです。この認識から、真の兄弟愛、互いへの愛、他者へのさらなる配慮、利己的ではない態度が生まれるでしょう。これらのことが不可欠なのです。このような努力は、実に難しいものですが、それもまた価値があります。

祝福された者が言いました。

「これらは真の苦しみであり、これらは真の根源であり、これらは真の終息であり、これらは真の道である。苦しみは知られるべきであり、苦しみの根源は捨て去られるべきであり、苦しみの終息は実現されるべきであり、道は開拓されるべきである。苦しみは知られるべきである。そうすれば、もはや知るべき苦しみはなくなるだろう。苦しみの根源は捨て去られるべきである。そうすれば、捨て去るべき根源はもうなくなるだろう。苦しみの終息は実現されるべきである。そうすれば、もう実現すべき終息はないだろう。道は開拓されるべきである。そうすれば、開拓すべき道はもうないだろう」

これらは、その実体、必要な行為、行為とその効果という観点から見た四諦です。

八正道《はっしょうどう》

道とは、仏教徒としての生き方の本質です。それに従うことは、生来の妄想の種を砕きます。確実な解放への崇高な道は、【正見《しょうけん》】（正しい見解）、【正思惟《しょうしゆい》】（正しい考え）、【正語《しょうご》】（正しい言葉）、【正業《しょうごう》】（正しい行い）、【正命《しょうみょう》】（正しい生活）、【正精進《しょうしょうじん》】（正しい努力）、【正念《しょうねん》】（正しい思念）、【正定《しょうじょう》】（正しい瞑想）です。これらの正しい努力、本質、機能は以下のものです。

正見《しょうけん》（正しい見解）とは、瞑想後の期間に分析手段を通じて見解を識別し、「これは四諦の実在について、私が瞑想の平衡の間に悟ったことだと」と考えることです。

正思惟《しょうしゆい》（正しい考え）とは、正しい理由やしるしによってすでに理解されている深い意味が、経典の意味とどのように合致しているかを吟味し、その意義を理解し、他者に説明できるようにすることです。

正語《しょうご》（正しい言葉）とは、教え、議論、文章などの手段を用いて、従来は単なる言葉で表現されているような精緻《せいち》化されたものではない現実の本質を他者に示し、それが完全なる見解であるとの確信に導くことです。これが、偽りなどのない純粋な言論です。

正業《しょうごう》（正しい行い）とは、私たちのすべての活動が教義に合致し、純粋な倫理と調和していることを他者に納得させる純粋な行動のことです。

正命《しょうみょう》（正しい生活）は、私たちの生活が適切であり、間違った生活による悪しき果実が混じっておらず、たぶらかそうとする振る舞いや、媚びへつらうような発言などをしていないことを他者に納得させることです。

正精進《しょうしょうじん》（正しい努力）は、すでに見た現実の意味について繰り返し瞑想することであり、それによって瞑想の道で放棄されるべき妄想に対する解毒剤となります。

正念《しょうねん》（正しい思念）は、止と観の瞑想の対象を忘れることなく保持することであり、二次的な妄想の忘却に対する解毒剤として作用します。

正定《しょうじょう》（正しい瞑想）は、安定化の緩みや興奮といった欠点のない瞑想の安定化を確立することであり、それは障害に対する解毒剤として機能し、道の特質の漸進《ぜんしん》的な達成へと導きます。

基本的な倫理

倫理の訓練はさまざまな形がありますが、十悪を捨てることがその基本となります。
十悪のうち、三つは身体による行為、四つは言葉による行為、三つは精神による行為に関するものです。

三つの身体による悪

殺生《せっしょう》（生き物の命を奪うこと）：虫を殺すことから人を殺すことまで。

偸盗《ちゅうとう》（盗むこと）：他人の財産を、その価値に関係なく、またその行為が自分自身、あるいは他人を通して行われたかに関係なく、同意なしで奪うこと。

邪淫《じゃいん》（性的不正行為）：姦淫を犯すこと。

四つの言葉による悪

妄語《もうご》（嘘をつくこと）：話し言葉や身振りで他人を欺くこと。

両舌《りょうぜつ》（不和）：同意している人たちの意見を対立させたり、同意していない人たち意見をさらに対立させたりして、不和を生み出すこと。

悪口《あっく》（辛辣さ）：他人を罵ること。

綺語《きご》（無分別）：欲望などに突き動かされて愚かなことを話すこと。

三つの精神による悪

貪欲《とんよく》（強欲）：「私のものになりますように」と考え、他人のものを欲しがること。

瞋恚《しんに》（悪意）：大小を問わず、他人を傷つけることを望むこと。

邪見《じゃけん》（誤った見方）：生まれ変わり、因果、あるいは【三宝《さんぼう》（仏陀、教義、僧伽《そうぎゃ》：仏法僧）】など、存在するものを存在しないものとみなすこと。

僧伽：四人以上の僧侶の集団。

師を選ぶ

望み通りの結果を獲得するためには、助けとなる要因を集め、障害を取り除くことが不可欠であることは周知の事実です。私たちは、科学技術、経済、または他の分野において開発に取り組む際にも、事前に計画を立てます。私たちがこれまで示してきた手順に従えば、ほぼ確実に私たちが目標とする結果を達成できるのです。ダルマの実践の目的は、最終的に悟りを得ることですから、どのように行動方針を計画し実行するかには、細心の注意を払わなければなりません。ですから、適切で資格のある精神的な師を見つけることが、とても重要なのです。

自分の精神的指導者として選ぶ人は、資格のある人でなければなりません。その人は少なくとも穏やかで、自らの心を制御しているはずです。なぜなら、誰かを自分の精神的指導者として採用するその目的こそ、心を手なずけることだからです。精神的指導者は、絶え間ない修行によって悟りを得た人であるべきなのです。

精神的指導者は、私たちの悟りへの探求においてとても重要な役割を果たすので、仏陀は師としての資格を詳細に定義しています。師としての不可欠な資質を要約すると、その人は修行に忠実で、ダルマの知識が豊かでなければなりません。したがって、師弟関係を築く前に、精神的指導者になる可能性のある人物を吟味することがとても重要です。その人の教えを聞くことは、全く問題ありません。なぜなら、そのような交流は、その人の指導能力を私たちに直接体験させてくれるからです。その人物の個人的な修行を評価するには、その人のライフスタイルを調べれば良いのです。また、その人のことをすでに知っている人からも、学ぶこともできます。他の状況でその人を知ることも役に立ちます。

では、自信が持てるようになったら、その人をあなたの精神的指導者として採用するよう努めるべきです。一旦誰かを自分の師として受け入れたなら、適切な信仰心と尊敬の念を培い、その人の精神的な指導に従うことが重要です。信仰と尊敬は、盲目的な信仰を意味するのではないことを明確にすることが大切です。それどころか、より多くの情報に基づいたアプローチがあるべきです。仏陀は経典の中で、弟子は精神的指導者の高潔な指導に従うべきだが、不健全な命令は、無視すべきであると説いています。規律に関する原文も、同じような方針に従っています。師が提唱するダルマに合わないものは、受け入れてはならないと述べています。

師の指導が受け入れられるものかどうかを判断する基準は、基本的な仏教の原則に従っているかを確かめることです。そうであるならば、敬意を持って従えばいいのです。そのような教えは、確実に肯定的な結果を生み出すでしょう。師の助言が仏教の原則に反している場合、躊躇せずに説明を求めるべきです。例えば、出家した人がお酒を飲むように言われたなら、得度の誓いに反することになります。ですから、その師が特別な理由を示さない限り、師の命令を無視するのが賢明です。

得度：仏教において僧侶となるために仏門に入ることを意味する儀式。

要するに、精神的指導者は、倫理、瞑想、智慧の三つの訓練において、熟達していなければなりません。そのために師は、三つの説話を理解する必要があり、経典の知識を持っていなければならないことを意味しています。精神的指導者は、あなたの質問に直接答え、疑問を明らかにすることができる人でなければなりません。そして、その人の外見や行動が、内面の実現を示しているか、それに従っている人物であるべきです。チベットには、〝虎の縞模様は表にあり、人の姿は内にある〟ということわざがあります。〝人間の内面は目には見えない〟という意味がありますが、それでも、他人がどのような人であるかは、その人の印象から推測できるのです。

精神的指導者に信頼を見出し、信仰を育んだあとは、関係が壊れないようにすることが大切です。では、そのような存在とどのように関わるべきでしょうか。

私たちは、こう考えることができます。

「仏教の覚者たちは、衆生の幸せのために積極的に働いています。私たちは解脱《げだつ》（71ページ参照）を求める者の一人なのですから、彼らのインスピレーションと祝福を受け取ることができる媒体があるべきです」

これが、精神的指導者の役割です。なぜなら、私たちの心の中に変化をもたらすのは精神的指導者だからです。

第四章　カルマの法則

人間として生まれた幸運をどのように活かすべきか

広大な海に黄金の軛《くびき》が漂っていると想像してください。深海で一匹の盲目の亀が泳いでいます。その亀は百年に一度、空気を求めて浮上します。その亀が、軛の穴から頭を出して浮上するのは、どれほど珍しいことでしょうか。仏陀は、人間が貴重な生まれ変わりを達成できるのは、それよりもっと稀なことだと言いました。

神々でさえ、私たち人間の存在をうらやむといわれています。それは、ダルマの実践にとって最良の存在形態だからです。世界には八十億人ほどの人がおり、みな同じ人間で、手も脳も手足も体も寸分違いません。しかし、すべての人間に実践の機会があるかどうかを調べれば、違いに気づくでしょう。私たちは、ダルマの実践を妨げる不利な状況、例えば、間違った見方を持って生まれ変わったり、動物や幽霊、地獄の存在に生まれ変わったり、快楽に溺れた神として生まれ変わったり、教えに耳を傾けられない人間に生まれ変わったり、あるいは、仏教の教えがない場所に生まれたりなどの逆境から解放されています。その他の逆境とは、生き延びることに全力を注ぐ野蛮な土地に生まれたり、仏陀が現れていない時代に生まれたりすることです。

ポジティブな面では、私たちの実践を可能にする多くのものに恵まれています。例えば、私たちは教えを受けられる国で、教えに応えることができる人間として生まれました。私たちは凶悪な犯罪を犯しておらず、仏教の教えにある程度の信仰心を持っています。私たちは、仏陀が生きていた時代に生まれ変わりはしませんでしたが、彼らが受けた教えの系譜を釈迦にまで遡ることができる精神的指導者たちに出会いました。ダルマは、これらの教えに従う実践者らがいるので、安定し栄えたままです。私たちはまた、僧侶や尼僧に食料や衣服、住居など修行に必要なものを提供してくれる親切な篤志家《とくしか》がいる時代に生きています。

仏陀の教義は、五千年間存続するだろうといわれています。もしその後に、私たちが人間として生まれ変わったとしても、その恩恵にあずかることはないでしょう。しかし、仏陀の教義がまだ残っている、啓蒙の時代のこの世に生まれ変わったのです。心を変えたいと思うためには、人間としての自分の人生を、最大限に活用するように説得される必要があります。

ここまで、私たちは自分の人生を生き、食事をし、住居を確保し、衣服を身にまとってきました。ただ生きるために食べるだけの生活を同じように続けるのなら、私たちの人生に何の意味があるのでしょうか。私たちは皆、尊い人間の姿を手に入れましたが、それ自体は何も誇れるものではありません。地球には、他の生命体が無数に存在していますが、人間が欲しいままにするような破壊には携わってはいません。人間は、地球のすべての生き物を危険にさらしているのです。

もし私たちが、思いやりと利他的な態度を人生の導き手とするなら、他の生命体が成し得ない何か偉大なことを達成することができるでしょう。もしこの尊い人間の姿を肯定的に活用することができれば、長い目で見れば価値あるものになるでしょう。そのとき、私たち人間の存在は、本当に貴重なものになるのです。しかし、私たちが人間の可能性、つまり脳の能力を否定的な方法で使い、人を苦しめたり、他人から搾取したり、破壊を引き起こすとしたら、私たち人間の存在は、将来の自分にとっても、今現在の他者にとっても危険なものとなるでしょう。人間の存在は破壊的に使われれば、私たちが知るすべてを消滅させる可能性があります。あるいは、仏陀になるための源にもなり得るのです。

原因と結果（因果）

私たちは、妄想とそれが引き起こす行動によって、苦しみのサイクルへと追い込まれていきます。それは【業《カルマ》（karma)】として知られています。私たちの行為と経験の間には因果関係があるため、さまざまな浮き沈みに耐えながら、困難や混乱の中人生を過ごしています。過去の行いの重荷や欲望、憎しみ、無知の束縛から完全に解放されることを、【解脱、あるいは涅槃】と呼びます。心の本質的な純粋さに気づくことによって、妄想やカルマをなくすことができれば、そのあと完全なる平和が訪れ、苦しみのサイクルから完全に解放されるのです。

死の危険にさらされている動物の命を救うなどの善行を積むことができるなら、私たちは、人間として生まれ変わるために必要な条件を積み重ねることができます。もし私たちがダルマの実践を真剣に行うなら、これからの人生において、精神的な進歩を続けることができるのです。しかし、この人生は尊く予想不可能なので、機会があるうちに実践に取り組むことが大切です。その機会がどれくらい続くのかわからないのですから。

原因と結果の原則であるカルマの法則によると、私たちが今行っていることは、将来に影響を及ぼすといわれています。私たちの現在の心の状態によって未来が決まりますが、私たちの現在の心の状態は、妄想によって支配されています。私たちは悟りを開くことを切望しなければならないのです。それが不可能なら、生まれ変わりからの自由を求めるべきです。もしそれが可能でないのなら、私たちは少なくとも、下層の存在領域に陥ることなく、来世で好ましく生まれ変わるための種を撒くべきです。ダルマを聞き実践する上で障害のないこの幸運な時期に、この稀な機会を逃さないようにしなければなりません。

カルマは、物理学者が、すべての作用には同等かつ反対の反応がある、と理解するのと同じように、原因と結果として理解することができます。物理学と同様に、反応がどの形を取るかは、常に予測できるわけではありませんが、時にその反応を予測することができ、結果を軽減するための何かをすることができます。

科学は現在、汚染された環境をきれいにするための方法に取り組み、さらに多くの科学者らが、さらなる汚染を防ごうと努力しています。同様に、私たちの未来の人生は、私たちの現在の行為と同じく、直前の過去と前世によって決定されます。ダルマの実践は、私たちのカルマの行いからの結果を軽減し、否定的な思考や行為による更なる汚染を防ぐことを目的としています。そうでなければ、そのような否定的な思考や行動は、私たちを途方もない苦しみの生まれ変わりへと導くでしょう。遅かれ早かれ私たちは死に、遅かれ早かれまた生まれ変わらなければなりません。私たちが生まれ変わることができる存在の領域は、二つに限られています。つまり、好ましいものと好ましくないものです。私たちがいつ生まれ変わるかは、私たちのカルマによって決まるのです。

意識と輪廻

カルマは、行為、人、生き物によって生み出されています。生き物は、意識の連続性に基づいて帰属する自己に他なりません。意識の本質は、光輝と清浄です。それは、それまでのその人の行い、意識が原因をつくるということです。もし私たちが、意識の連続性が一生のうちに尽きることはないと理解するようになれば、死後の生の可能性について論理的な裏付けがあることに気づくでしょう。もし意識の連続性に納得できなくても、少なくとも死後の生の理論の誤りを証明できる証拠がないことがわかります。私たちは証明することはできませんが、反証することもできないのです。

前世を鮮明に覚えている人はたくさんいます。それは、仏教に限った現象ではありません。そのような記憶を持つ人の中には、親が死後の世界や前世を信じていない人もいます。私は、前世を鮮明に覚えていた子供の事例を三つ知っています。そのうちの一例では、前世の記憶があまりにも鮮明だったので、以前は死後の生を信じていなかった両親も、その子供の記憶の鮮明さを知った結果、今では死後の生があると確信しています。その子供は、彼女が見覚えのある近所の村に住んでいたことをはっきりと回想しただけでなく、他に知る由もなかった前の両親のことも特定することができたのです。

もし死後の生がないのであれば、つまり前世がないのであれば、このような記憶について別の説明を見つけなければならないでしょう。また、同じように、同じ社会で、同じ環境で育ったけれど、一人がもう一人の子供よりも成功しているという、二人の子供を持つ親の事例もたくさんあります。このような違いは、私たちの過去のカルマの行いの違いの結果から生じるものであると、私たちは理解しています。

死とは、意識が肉体から切り離されることに他なりません。いわゆる意識という現象を受け容れないのであれば、生命とは何かを正確に説明することもとても難しいと思います。意識が肉体とつながっており、その関係が続くとき、私たちはそれを生と呼び、意識が特定の肉体との関係を終わらせるとき、私たちはそれを死と呼びます。私たちの体は化学的、あるいは物理的な構成要素の集合体ですが、純粋な輝きを持つ一種の微細な物質が、生物の生命を構成しています。それは物質的ではないので測ることはできませんが、存在しないというわけではありません。私たちは外の世界の探索にとても多くの時間、エネルギー、研究を費やしてきましたが、今もしそのアプローチを変え、この探索、研究、エネルギーのすべてを心の中に向け分析し始めるのなら、意識の本質、つまりこの清浄、この光輝を自分の中で実現する能力が私たちにはあるのだと、私は真に思っています。

仏教の説明によると、意識は非障害的で非物理的であるといわれています。そしてこの意識の働きから、あらゆる感情、あらゆる妄想、あらゆる人間の欠点が生じるのです。しかし、人はこれらの欠点や妄想をすべて取り除き、永続的な平和と幸せをもたらすことができるのも、この意識が本来持っている性質によるものであります。意識は存在と悟りの基礎であるため、このテーマに関する幅広い著書が存在します。

私たちは自分自身の経験から、意識や心は変化するものであることを知っており、意識や心が変化し、変容し、影響を与える原因と条件、すなわち私たちの生活の条件や状況に依存していることを意味しています。意識が生じるためには、意識そのものの性質に似た実質的な原因がなければなりません。意識の前の瞬間がなければ、意識は存在しません。意識は無から生じるのではなく、無に変わることはできません。物質は意識に変化することはできません。ですから、私たちは意識の瞬間の因果関係を過去に遡って辿ることができるはずです。

仏教の経典には、何千億もの世界体系、無限の数の世界体系と、無始の時から存在する意識について語っています。私は、他の世界が存在すると信じています。現代の宇宙論においても、さまざまな種類の世界体系が存在するといわれています。他の惑星で生命が科学的に観測されたことはありませんが、この太陽系に依存するこの地球でのみ、生命が存在でき、他の種類の惑星では存在できないと結論づけるのは非論理的でしょう。

さて、もし科学者らが、宇宙はどのようにして生まれたのかと問われたなら、答えがたくさん出てくるでしょう。しかし、なぜこの進化が起こったのかと問われれば、彼らには答えがありません。科学者らは、物質的な宇宙のみを信じる傾向にある客観的な観察者であるため、通常彼らはそれを神の創造であるとは説明しません。偶然に起こっただけだという人もいます。今はその立場自体が非論理的なのです。なぜなら、もし何かが偶然に存在するとしたら、物事には何の原因もないというのと同じだからです。しかし、私たちは毎日の生活から、すべてには原因があることを理解しています。例えば、雲は雨を降らし、風が種を吹き撒くことで新しい植物が育ちます。理由がなければ何も存在しないのです。

もし進化に原因があるとすれば、考えられる説明は二つあります。宇宙は神によって創造されたということを受け入れることができますが、その場合、苦しみや悪も神によって創造されたに違いないという必然性のような、多くの矛盾が生じるでしょう。もう一つの選択肢は、無限の数の衆生が存在し、カルマの潜在能力が集合的に彼らのための環境として、この宇宙全体を創り出したと説明することです。私たちが住む世界は、自分自身の欲望と行動によって創られています。だから、私たちはここにいるのです。これは少なくとも、論理的です。

死ぬとき、私たちは自分自身のカルマの行いの力によって吹き飛ばされます。否定的なカルマの行いの結果、下位領域に生まれ変わります。否定的な行動から自分自身を思いとどまらせるために、私たちが下位領域の苦しみに耐えられるのかどうかを想像してみるべきです。幸せは前向きな行動の結果であることを知った私たちは、徳を積むことに大きな喜びを感じるでしょう。

自分の経験と他者の経験を同一視することで、強い慈悲心を育むことができます。それは、彼らの苦しみは自分の苦しみと何ら変わりはなく、彼らもまた解脱を達成したいと願っていることを理解するからです。

動物界と地獄界の苦しみについて瞑想することは大切です。もし、精神的な進歩がなければ、私たちのマイナスの行いが私たちをそこへと連れていくでしょう。もし私たちが灼熱や寒さ、抑えられない喉の渇きに耐えられないと感じられれば、修行に対する意欲は計り知れないほど高まるでしょう。この人間として存在している現在は、私たち自身を救う機会と条件を与えてくれているのです。

カルマの結果

カルマの結果は、明確です。否定的な行動は常に苦しみをもたらし、前向きな行動はいつも幸せをもたらします。良い行いをすれば幸せが訪れ、悪い行いをすれば自分自身が苦しみます。私たちのカルマの行いは、何世にも亘《わた》って私たちにつきまといます。それが、常に否定的なことにふけっている人たちが、なぜ依然として世俗的なレベルで成功しているのか、あるいは精神的な修行に打ち込んでいる人たちが、なぜ無数の困難に直面しているのかを説明しています。カルマの行いは、無数の人生の中で行われてきたので、無数の結果をもたらす無限の可能性があります。

カルマの可能性は、時間とともに常に高まっていきます。小さな種が大きな果実を生み出す可能性を秘めています。それは、内的な因果関係にも当てはまります。つまり、肯定的であれ否定的であれ、小さな行動が、大きな結果をもたらす可能性があります。例えば、あるとき幼い少年が仏陀に一握りの砂を捧げ、それが金であると鮮明に思い描きました。後の人生において、その少年は、偉大な仏教徒のアショカ（Ashoka）として生まれ変わりました。ほんのわずかな肯定的な行いから、幸せという最大の結果をもたらすこともあれば、同様に、ほんの些細な否定的な行いが、非常に厳しい苦しみをもたらすこともあるのです。私たちの心の流れの中で増大するカルマの可能性は、リンゴの種のような単なる物理的な原因の可能性よりもはるかに大きいのです。水滴が大きな壺を満たすことができるように、小さな行いも継続して行われると、衆生の心を満たすことができるのです。

人間社会では、多くの違いが見られます。人生において常に成功している人もいれば、いつも失敗する人もいます。幸せな人もいれば、存在感があり心が穏やかな人もいます。私たちの予想に反して、常に大きな不幸に直面しているように見える人もいます。不幸に見舞われるだろうとあなたが予想していた人が、不幸に見舞われないこともあります。

すべてが私たちの手の中にあるわけではないという事実を、これらすべてが証明しています。私たちがある試みを始めようとするとき、その成功に必要なあらゆる条件を積み重ねても、まだ何かが足りないことがあります。誰かは幸運で、誰かは不運であるといいますが、これだけでは十分ではありません。運には理由や原因が必要なのです。

仏教の説明によると、それは前世、または現世でこれまで行われた行動の結果なのです。可能性が熟すとき、逆境に直面していても努力が実ることがあります。しかし、必要な条件をすべて揃えても、失敗する場合もあります。

私たちチベット人は、難民となり多くの苦しみを経験しましたが、それでも私たちは比較的恵まれており、成功しています。チベットでは、中国はコミューンを作り、私有財産を制限することで、全人口を均一にしようとしています。それでも、コミューンでは、ある菜園は他の菜園よりも野菜が育ち、他よりもっとたくさんのミルクを出す牛もいます。これは、個人の功徳に大きな相違があることを示しています。誰かの徳の高い行いが実れば、たとえ当局がその人の財を没収したとしても、その人の功徳の力、そのカルマの力によって、まだ成功を証明するでしょう。

殺生を避け、動物を解放し、他者に対する忍耐力を養うなどの、徳の高い行いを正しく積み重ねれば、将来、これからの人生において有益なものとなります。一方、ネガティブな行動にふけり続ければ、将来必ずその結果に直面することになるでしょう。

ポジティブな行動もネガティブな行動も、自分自身の動機によって決まります。動機が良いものであれば、すべての行動はポジティブになり、動機が間違っていれば、すべての行動はネガティブになります。カルマの行いには、さまざまな種類があります。完全に徳のあるものもあれば、全く徳のないものもあり、混ざっているものもあります。動機が正しければ、その行為自体はかなり暴力的に見えたとしても、幸せをもたらすでしょう。しかし、もし動機が間違っていてずる賢いものであるなら、その行為が有益で肯定的に見えたとしても、実際は否定的な行為になります。すべては心次第なのです。

もし心が制御され訓練されているなら、すべての行動はポジティブになります。一方で、心が制御されず、欲望と憎しみに常に影響されているなら、行動がポジティブに見えたとしても、実際はネガティブなカルマを積み重ねることになります。

もっと多くの人がカルマの法則を信じたなら、警察や刑罰制度を持つ必要はなくなるでしょう。しかし、もし個人がカルマの行いに対する内面的な信仰が欠けていれば、たとえ対外的に人が法を施行するためにあらゆる手法を適用したとしても、平和な社会をもたらすことはできないでしょう。この現代社会では、監視や違法行為者を発見する目的で、高度な機器が使用されています。しかし、これらの機械が素晴らしく洗練されればされるほど、犯罪者はより巧妙になり、決意を固めるのです。この人間社会がより良い方向に変わっていくためには、対外的な法の施行だけで十分ではありません。私たちには、ある種の内面の抑止力が必要なのです。

内なる敵

妄想は、【サンサーラ（samsara）】、すなわち【輪廻転生《りんねてんしょう》】における、生まれ変わりの主な原因です。妄想がなければ、カルマの行いは生まれ変わる力を持つことはありません。それは燃やされた種のようなものです。妄想に対する解毒剤を求めることは非常に重要であり、同様にあなたが妄想を正しく認識しているかどうかにかかっています。ですから、私たちは、妄想の一般的な特徴と個々の特徴を明確にすべきです。ダライ・ラマ一世が言ったように、妄想という内なる敵を手なずけるのです。外敵は有害に見えるかもしれませんが、来世では私たちの友人に変わるかもしれません。今でさえ、彼らは私たちに忍耐と思いやりを実践する機会を与えてくれています。なぜなら、私たちはみな基本的には同じだからです。誰もが幸せを望み、苦しみは望んでいません。しかし、内なる敵である妄想は、肯定的な性質はありません。つまり、闘って破壊するだけです。

ゆえに、敵を適切に識別し、どのように動くのかを理解する必要があります。心の平静を破壊し、心に不幸をもたらし、つまり心を動揺させ、悩ませ、苦しめる精神状態は、すべて妄想であるといわれています。

主な妄想をいくつか挙げてみましょう。

――第一に、**執着**です。執着は、美しい人、美しいもの、あるいは楽しい経験を求める強い欲望です。執着を取り除くことは大変難しく、まるで心がその対象に固定されてしまったかのようです。

――もう一つの妄想は、**怒り**です。人は怒ると、冷静さを失い、顔は赤くなりしわをよせ、目まで赤くなるのが瞬時にわかります。怒りの対象は、生物であれ無生物であれ、望ましくないもの、不快なものであることがわかります。怒りは、心が手なずけられていない状態であり、とても荒々しくムラがあります。

――その他の妄想である**傲慢**は、自己中心的な態度に基づき、自分の地位や立場、知識についてうぬぼれを感じる心の状態のことです。本当に何かを成し遂げたかどうかにかかわらず、人は思い上がります。プライドが高い人はとても横柄で高慢に見えます。

――次に**無知**ですが、これは四諦やカルマの法則などの本質を誤解することです。この特定の文脈での無知とは、【三宝（仏陀、教義、僧伽：仏法僧）】やカルマの法則の本質を全く知らない精神的要因を指しています。

――**疑念**という妄想は、四諦が存在するのか、カルマの法則が存在するかどうかを懸念して揺れ動く思考のことです。

チベット仏教の有名な師であるツォンカパ（Tsong-kha-pa）が言ったように、存在の頂上から最下層の地獄まで、輪廻で生まれ変わる可能性のあるすべての領域は、苦しみの性質を持っています。これらの苦しみは、何の原因もなく生じるものではなく、何らかの全能の神によって創造されたものでもありません。苦しみは、私たち自身の妄想とカルマの行いの産物であり、制御されていない心の状態によって誘発されたものです。

すべての苦しみの根本的な原因は、現象の本質を誤解し、自分自身を独立的存在として理解する無知にあります。この無知が、現象の状態を誇張し、自己と他者というカテゴリーを作り出すことにつながるのです。これらは、欲望と憎しみの経験をもたらし、実際にあらゆる種類の否定的な行動を招きます。これらは次に、すべての望ましくない苦しみをもたらします。このような苦しみを望まないのであれば、私たちは、苦しみを取り除くことが可能かどうかを判断すべきです。もし自己を誤解する無知が誤った意識なら、その誤りを正すことで取り除くことができます。これは、その心の状態の正反対を悟る智慧、そのような本質的に存在する自己などないことを悟る智慧を、私たちの心の中に生み出すことで達成できます。

本質的に存在する自己を信じる心と、そのような自己は存在しないと認識する心、この二つの心の状態を比較すると、最初は、自己の懸念が非常に強力で力強く見えるかもしれません。しかし、それは誤った意識であるので、論理的な裏付けに欠けています。もう一方のタイプの心である無我の理解は、最初の段階では弱いかもしれませんが、論理的な裏付けがあります。遅かれ早かれ、無我を悟るこの智慧は優位に立つでしょう。最初の段階での真理はあまり明白でないかもしれませんが、それに近づくにつれ、ますます自明になっていきます。最初の段階では偽りのものは、とても堅固で揺るがないように見えても、最終的には、私たちがさらに証明するにつれて、薄っぺらなものになり、やがては無くなってしまいます。

輪廻におけるすべての経験には、苦しみの性質があるということを知った私たちは、そこから解放されたいという真の願いを育む必要があります。その願いに駆られて、私たちは道徳、集中、智慧の三つの修行の道に入るべきです。この三つのうち、妄想を取り除く解毒剤は、無我を悟る智慧です。そのためには、私たちはまず基礎としての集中力の精神的な安定が必要とされます。それは純粋な道徳の遵守にかかっています。ですから、道徳の訓練も必要であり、最初の段階では、道徳の実践を第一に考えるべきです。それが早急に必要なことです。

ツォンカパは、マインドフルネスと内省は、ダルマ全体の基礎であると言っています。平信徒《ひらしんと》にとって、純粋な道徳を守るためには、内省と適切なマインドフルネスの能力が必要です。平信徒にとって、純粋な道徳を守ること、ネガティブな行動を自制することは、悟りに至る道の実践の基礎なのです。もし私たちが、道徳の遵守のような実践的な必要性を考慮せず、より洗練された実践を求めるのであれば、私たちの実践は単に見せかけのもので、実際にはそれほど真剣なものでないでしょう。道徳、集中、智慧、この三つの訓練を実践することで、私たちは自分のためだけではなく、他の衆生のためにも解脱を達成するために努力しなければなりません。

輪廻

「輪廻とそれに伴う苦難は真の苦しみであるなら、輪廻とは何なのでしょうか」と、人は不思議に思うかもしれません。

輪廻は、異なる種類の住処によって【三界】という三つのタイプに分かれています。それは、【欲界《よっかい》（欲望の領域）】、【色界《しきかい》（形のある領域）】、【無色界《むしきかい》（形のない領域）】です。欲界には、衆生は、色《しき》（形）、声《しょう》（音）、香《こう》（匂い）、味《み》、触《そく》の【五欲】の快楽を享受します。色界には、二つの部分があります。下部では、衆生は外的な快楽に惹かれることなく、内的な観想の快楽を享受します。上部では、衆生は快楽的な感情から完全に目を背け、中立的な感情を享受します。無色界では、あらゆる色（形）、声（音）、香（匂い）、味、触、そしてそれらを楽しむための五感は存在せず、あるのは心だけであり、

色：色《いろ》（colour）ではなく、目で見えるもの“有体物”のこと。

衆生は一点集中し、気を散らすことなく、中立的な感情にのみとどまります。

輪廻転生する衆生には【六道輪廻《りくどうりんね》】という六つの種類が存在します。それは、「天上（神々）」、「阿修羅（半神）」、「人間」、「餓鬼」、「畜生（動物）」、そして「地獄（地獄の住人）」です。

天上は、形のある領域と、形のない領域の存在、欲望の領域の六種類の神々をも含みます。阿修羅は天上に似ていますが、いたずら好きで荒々しいのです。人間は、「四つの大陸」などの人間です。餓鬼は、食べ物や飲み物を容赦なく奪われたさまざまな種類の存在です。畜生は、海にいるものや、地表に散らばっているものです。地獄は、自分のこれまでの行いの力によって、そしてそれに応じて、さまざまな色や形をして生まれた人のことです。

輪廻の本質的な意味は、穢《けが》れた行為や煩悩に従って進行する自分ではコントロールできないプロセスです。その本質的な性質は苦難です。つまり、その作用は苦しみの基盤を与え、将来苦しみを誘発することです。厳密には、輪廻は穢れた行為や煩悩を通じて汚染された精神的、肉体的集合体です。三界すべてに輪廻が適用されないものは何もないので、これらすべての存在の精神的、肉体的な集合体は輪廻です。

輪廻の根源とは何でしょうか。苦しみの根源は、二つあります。汚染された行為と煩悩です。煩悩は、周辺的な精神的要因として分類され、それ自体は六つの主要な心（眼、耳、鼻、舌、身体、精神的意識）のいずれでもありません。しかし、心を苦しめる精神的要因のいずれかが顕在化すると、主要な心（精神的意識）はその影響を受け、苦しみが導くところならどこにでも行き、悪い行いを「積み重ねる」のです。

煩悩には実にさまざまな種類がありますが、その中の主なものは欲望と憎しみです。最初の自分への執着から、好ましくないことが起こると、憎しみが生まれます。さらに、自分に執着することで、自分は優れているという傲慢さが生まれ、同様に、何かについての知識がないとき、その知識の対象が存在しないとする誤った見方が生じます。

自己執着などは、どうしてこれほど大きな力で生じるのでしょうか。無始の条件付けのため、心は夢の中でさえ「私」に強く固執し、この概念の力によって自己執着などが起こります。「私」というこの誤った概念は、物事の存在形態に関する知識の欠如によって起こります。すべての事物には、固有の実体が存在しないという事実が曖昧になり、人は物事が本質的に存在すると考えます。そこから、「私」という強い観念が生まれます。ですから、現象が本質的に存在するという概念は、すべての煩悩の究極的な根源である苦悩の無明なのです。

行為の種類

その性質の観点から、行為には二つの種類があります。それは、「意図的」と「操作的」です。意図的行為とは、身体的、あるいは言語的行為に先立って起こり、行動する衝動を与える精神的要因のことです。操作的行為とは、活動に従事しているときに起こる身体的あるいは言語的な行為のことです。

行為がもたらす効果の観点から見ると、行為には三つの種類があります。それは、【功徳】、【無功徳】、【不変】です。功徳的な行為は、人間、半神、神々の人生である幸せな転生を促し、無功徳的な行為は、動物、餓鬼、地獄の住人の人生である悪い転生へと人を駆り立てます。不変的な行為は、人を上界である色界と無色界へと駆り立てます。

これらのすべては、身体的、言語的、精神的行動に分けることができます。また、経験される効果の観点から、行動は三つのタイプに分けることができます。今生で「蓄積された」行為の影響は、まさに現世でも、来世でも、あるいはその先の人生でも経験されるかもしれません。

右記で説明したように、輪廻の原因は、汚染された行為と煩悩です。煩悩の根源が取り除かれ、新たな行為が「蓄積」されなければ、過去から続く汚染された行為の素因を活性化させる煩悩は存在しないので、輪廻の原因は排除されます。

そうすれば、束縛からの自由が得られます。かつての汚染された行為や煩悩によってもたらされた精神的、肉体的集合体が残っている限り、人は有余涅槃《うよねはん》を持つ、と言う人もいます。これらがもはや残っていないとき、無余涅槃《むよねはん》があります。「無余」とは、汚染された行為や煩悩によってもたらされた精神的、肉体的集合体は残っていませんが、意識の連続体と汚染されていない精神的、肉体的集合体の連続体は依然として存在していることを意味しています。

原因を取り除くことで、汚染された集合体は途絶え、それらすべてから解放されることによって、汚染された集合体に依存する苦しみは消滅します。これが解脱であり、それには二つの種類があります。苦しみとその根源が単に消滅するだけの解脱と、偉大で比類のない解脱、悟りの境地の位です。前者は、（輪廻からの解脱を妨げる）すべての煩悩の障害が消滅することですが、すべての知識の対象を直接認識する障害は消滅しません。後者の解脱は究極の位であり、煩悩と全知に対する障害の両方が完全に消滅することです。

三帰依《さんきえ》

自分の心を実践に向かわせる方法とは何でしょうか。まず、帰依して行動とその影響について考えることです。帰依は、「仏陀」、「教義」、そして「僧伽」の【三宝】（仏法僧）にあります。衆生が、自らの心の穢れや潜在的な素因を清めれば、障害となるすべての欠陥から解放されます。こうして、すべての現象を同時に直接知ることができるのです。そのような存在は仏陀と呼ばれ、帰依の師であり、医者のようです。教義の宝玉は、優れた（アーリヤ：Arya）道、つまり穢れや潜在的な素因を取り除く主要な正しい道であり、取り除かれるべきものを取り除いた状態である「欠如」ということです。教義は、薬のような実際の避難所です。共同体の宝石は、平信徒であろうと出家者であろうと、その連続性の中に優れた道を生み出したすべての人のことです。彼らは、看護師のように、帰依を達成する手助けをする友人です。

第五章　心の変容

仏教とは何なのか

すべての宗教は原則として、人間がより良く、より洗練され、より創造的になる手助けをする手段です。ある宗教では、祈りを唱えることが主要な修行である一方、他の宗教では主として肉体的な苦行であり、仏教においては、心を変化させ向上させることが重要な修行であると理解されています。これは別の見方もできます。身体的な活動や言語的な活動に比べ、精神的な活動はより繊細でコントロールが難しいものです。身体や言葉の活動はより明白で、学び、実践するのは簡単です。この点で、心を含む精神的な探求はさらに繊細で、達成することは容易ではありません。

私たちにとって、仏教の真の意味を理解することはきわめて重要です。仏教への関心が高まることは大変良いことですが、更に大切なことは、仏教とは実際何であるのかを知ることです。私たちが仏教の教えの本質的な価値と意味を理解していなければ、教えを保護し、復元し、普及させようとする試みは、間違った方向へ進んでしまうかもしれません。ダルマの教義や理解は、物理的なものではありません。ですから、きちんと理解した上で行われなければ、単に僧院を建設したり、経典を暗唱したりするだけでは、ダルマの実践ですらないかもしれません。重要なのは、ダルマの実践は心の中で行われるということです。

ただ服を変えたり、祈りを捧げたり、あるいは平伏したりすることが、ダルマの実践すべてを網羅していると考えるのは間違いでしょう。説明しましょう。平伏したり、寺院を巡回している時、さまざまな考えが私たちの心の中に浮かんできます。

退屈で一日が長いとき、寺院の周りを回るのはとても楽しいものです。おしゃべりな友達と一緒なら、時間はあっという間に過ぎていきます。楽しい散歩になるかもしれませんが、本当の意味でのダルマの実践ではありません。ダルマの実践をしているように見える場合さえありますが、実際にはネガティブなカルマを作っているのです。例えば、寺院を巡回している人が、誰かを騙す計画を企てていたり、ライバルへの復讐を目論んでいるかもしれません。その人物の心の中では、「こうやって彼を捕まえよう、こう言おう、こうしよう」と言っているかもしれません。同様に、心が悪意のある考えにふけっている間に、聖なるマントラを唱えているかもしれません。したがって、ダルマの身体的、または口頭の実践のように見えるものは、欺瞞である場合があるのです。

ダルマの目的

ダルマの実践の主な目的は、心を訓練することであるといわれています。どうやってそれを行うのでしょうか。

誰かに腹を立て、その人を傷つけるためなら何でもするような時のことを考えてみてください。正しいダルマの実践者になるためには、このことについて理性的に考えなければなりません。怒りの数々の欠点と、慈悲の心を生み出すことのプラスの結果について考える必要があります。あなたの怒りの対象であるその人物は、あなたと同じように幸せを手に入れたい、不幸を取り除きたいと願っているのだという考えを思い返すこともできます。そのような状況のもと、その人を傷つけることをどうやって正当化できるのでしょうか。

あなたは、自分自身にこう話すことができます。「私は自分のことを仏教徒だと思っています。朝、目を開けた瞬間から、帰依し、菩提心を養うための祈りを唱えます。すべての衆生のために働くことを約束しながら、ここで残酷で理不尽になることを決意しています。どうすれば自分を仏教徒と呼べるのでしょうか。覚者たちの教えをあざけておきながら、どうして彼らと向き合うことができるのでしょうか」

　このように考えることで、厳しい態度や怒りの感情を完全に解消することができます。代わりに、その人に腹を立てていることがどれほど間違っているか、その人がいかにあなたの優しさや好意に値するのかを振り返ることによって、穏やかで優しい思いが呼び起こされるのです。このようにして、真の心の変化をもたらすことができます。これが、本当の意味でのダルマです。あなたのこれまでの否定的な思考は払拭され、その人への肯定的で思いやりのある感情に置きかえることができます。

　この劇的な変化に注目すべきです。これは大きな意義のある飛躍です。それが、ダルマの実践が本当に意味することですが、簡単なことではありません。

　心が力強く高潔な思考によって影響されているとき、どんなに否定的なことも同時に作用することはできません。親切で幸せな思考によって突き動かされていれば、一見否定的に見える行動も、肯定的な結果をもたらすことができます。例えば、嘘をつくことは通常否定的なことですが、誰か他の人を助けたいという思いやりと理性的な考えから嘘をつくなら、嘘は健全なものに変わります。

大乗仏教《だいじょうぶっきょう》の伝統では、菩薩とは、他者の利益のために仏陀の境地や悟りを志す者のことです。菩提心の利他的な思想は、菩薩の慈愛と慈悲の実践から生まれます。それゆえに、場合によっては、菩薩は否定的な身体的行為や言語的行為を行うことが許されます。そのような悪事は通常、好ましくない結果を引き起こします。しかし、動機によっては、これらの行為が中立になることもあれば、素晴らしい功徳になることもあります。

私たちが、仏教は基本的に心と関わるものだと主張するのは、こうした理由からです。私たちの身体的行為、言葉による行為は、二次的な役割に過ぎません。したがって、どんな精神的な実践の質や純粋さも、個人の意図や動機によって決まるのです。

煩悩

煩悩は、極めて狡猾で手ごわいものです。煩悩の支配下にある人が王座に座ると、その人は妄想に支配されます。彼の話を聞いていると、彼が長く話し続けるほど、彼のプライドは膨らんでいきます。これが煩悩の仕組みです。煩悩の影響は、驚くべきものです。もっと弟子を増やしたいという欲望から、煩悩は師匠を他人と口論させることができます。その場合、執着と敵意の両方が働いています。

幸運にも、煩悩と闘える力があります。それは、「智慧」です。この智慧は、私たちが分析と検討を適用することでより明確に、より鋭くなります。それは力強く、永続的です。一方、無知な心はずる賢いものの、分析には抵抗できません。知的な検証のもとでは、崩壊します。このことを理解することで、煩悩によって引き起こされる問題に取り組む自信が生まれます。私たちが学び思案するなら、智慧や、物事は真実であり、見た目どおりに存在すると信じる心によって生み出された敵意や執着などの煩悩について、よく理解できるようになります。

真の存在を想像する心は、極めて活動的で、力強く、悪賢いのです。この心の親しい仲間である自己中心的な態度も、同時にたくましく意志が強いのです。あまりにも長きに亘って、私たちは徹底的にこの力の下にありました。私たちの友人、支え、そして保護者を気取っていたのです。今、私たちが注意深く賢明であれば、物事は見た目通りに存在しないことを理解し、物事にはこの種の真実が欠けていることを理解する智慧を育むべきです。これを空《くう》の智慧と呼びます。この武器を継続的に使うことにより、煩悩と闘うチャンスを得ることができるのです。

今、私たちが言及している欠陥とは、苦しみの根源です。つまりカルマや煩悩、そしてそれらが残した痕跡のことです。これらの欠陥は、適切な処方を適用することによってのみ、取り除くことができます。煩悩によって残された痕跡は、個人が悟りを得ることを妨げます。意識はその性質上、すべてを知る潜在力を持っていますが、これらの欠陥は、そのような知識から心を覆い隠し、遮ります。障害を取り除くためには、心に生じる悪い考えを排除することで達成されます。意識が障害から完全に解放されるとき、意識は自動的に完全に認識するようになり、その人は完全なる悟りに目覚めるのです。

悟りの境地は、天国の住まいのような物理的な実体ではありません。それは、その完全で肯定的な潜在力の中で現れた、心の本質的な性質なのです。したがって、この覚醒の状態に到達するためには、実践者は心の否定的なものを取り除き、肯定的な性質を一つずつ発達させることから始めなければなりません。否定的な衝動や不明瞭さを取り除く過程において、解毒剤を積極的に適用するのは、心です。煩悩や精神的な障害は、何が起こっても決して繰り返されない時がやってくるのです。

同様に、精神的な洞察力や知識を高めることに独占的に関与しているのは、心です。

初めはポジティブなエネルギーが小さくても、やがて心は完全に知識で満たされ、仏陀の境地に目覚めるのです。

仏陀が説いたことはすべて、衆生を助け、彼らを精神的な道へと導くためのものであったことを忘れてはなりません。仏陀の哲学的な教えは、単なる抽象的な空論ではなく、煩悩と闘うためのプロセスやテクニックの一部でした。私たちは自分自身の経験から、さまざまな煩悩に対する解毒剤の適切さを理解することができます。仏陀は、怒りや憎しみに対抗するためには、慈愛の心について瞑想すべきであると説きました。対象の不快な側面に目を向けることは、対象への執着を打ち負かすのに役立ちます。真の存在があるように見えることは間違っていることを示す、論理的な推論は数多くあります。真の存在の概念は無知なものであり、空を悟る智慧は、それに真っ向から対立するものです。

このような教えから、煩悩は一時的な心の苦痛にすぎず、完全に根絶できると推測することができます。心に穢れがなくなると、その真の性質である明瞭さと認識の可能性が、完全に明らかになります。この理解が深まるにつれ、実践者は涅槃と悟りの境地に達する可能性を理解するようになります。これは、素晴らしい啓示として現れます。

宇宙のすべての神々が、力を合わせてあなたに対抗したとしても、もしすべての生き物が、あなたに敵対したとしても、あなたを地獄へと送る力は持ち合わせていません。一方で、煩悩は、一瞬にしてあなたを地獄に突き落とすことができます。それは、無始の時代から、煩悩が私たちの敵であり、私たちを傷つけ、破壊してきた理由です。この煩悩ほど、不朽の敵はいません。普通の敵なら、死んで消えてしまいます。普通の敵の願いに従うなら、その敵は次第にあなたの味方になり、敵はあなたに利益をもたらす人になるでしょう。煩悩の場合は、あなたが頼れば頼るほど、害を及ぼしあなたに苦しみもたらすでしょう。煩悩は私たちの不断の敵であり、すべての苦しみの唯一の原因なのです。この敵を私たちと共に平和に住まわせている限り、私たちに幸福はありません。

あなたが普通の敵と戦争をすれば、勝利を獲得し、敵を国から追い出すことができるかもしれません。普通の敵は、再編成し、増強し、再装備して戦いに戻ってくることができます。しかし、あなたが煩悩と闘うとき、一度彼らを負かし、排除すると、煩悩は戻ってくることはできません。この観点からすれば、煩悩は弱いもので、それを破壊するために核ミサイルや核爆弾は必要ありません。煩悩が弱いのは、私たちが現実を見て智慧の目を養うことができれば、取り除くことができるからです。私たちの心の中にある煩悩を破壊すれば、煩悩はどこへ行くのでしょうか？　空性《くうしょう》へと姿を消すのです。どこか他の場所に再び現れて、自分自身を強化することはできないので、私たちに害を与えようと戻ってくることはできないのです。

独立した存在をもつ煩悩などは存在しません。執着や怒りが私たちの心の中で生じるとき、そのような感情はとても強力なので、私たちの心を乱します。それでも、よく詳しく精査すると、それらは隠れる特別な場所はないのです。煩悩は肉体にとどまらず、感覚器官にもとどまりません。

空性：仏教において物事や現象に固定的な実在性がなく、空っぽであることを意味する概念。

精神的、肉体的な構成要素の集合体の中で、あるいはその外側で煩悩を見つけようとしても、そこでは見つかりません。煩悩は、幻想のようなものです。なぜ煩悩が私たちを地獄に突き落とすことを許す必要があるのでしょう。

マインドフルネスを保つ

ポジティブな経験もネガティブな経験も、あなたの心が変容しているかどうかによって、心から生じます。ですから、心をコントロールし、律することが最も重要なのです。

私たちが遭遇するすべての恐れや計り知れない苦しみは、心から生じています。仏陀は、心ほど強力な敵はいないと説きました。存在のあらゆる領域において、心ほど恐ろしいもの、恐れるべきものはないのです。同様に、規律ある心は、あらゆる優れた資質を生み出すと仏陀は言いました。平和と幸せの源は、心です。幸せは徳のある実践から生じ、苦しみはネガティブな実践から生まれます。

幸せと苦しみは、あなたの心が変わるかどうかにかかっています。たとえ短期間でも、自分の心をコントロールし鍛錬するほど、より幸せになり、更にリラックスできるようになります。

内なる心がコントロールされ、リラックスすれば、たとえ宇宙全体が敵のようにあなたを攻撃しているように見えても、脅威や不幸を感じることはありません。一方で、もし内面がかき乱され動揺していれば、目の前のテーブルに最高に美味しい食べ物が並べられていても、それを楽しめないでしょう。楽しいことを耳にするかもしれませんが、喜びをもたらすことはありません。ですから、あなたの心が鍛錬されているかどうかによって、幸せか苦しみを味わうことになります。

心を変容させ、所有欲や渇望がなくなると、施しの完成（与えることの完璧さ）を達成できるでしょう。施しの完成とは、あなたが持っているものすべてと、その捧げることの肯定的な結果を、すべての衆生に捧げるということを意味しています。その実践は、完全に心に依存しています。倫理の完成も同様です。倫理の完成を達成するということは、どんな方法でも衆生を一切傷つけない心の状態に達することを意味します。これは、自己中心性から完全に解放された状態です。忍耐の修行も同じです。無法な衆生は、宇宙の広さと同じくらい無限です。しかし、一旦自分の心をコントロールすると、まるで外敵をすべて滅ぼしたかのようです。心が穏やかなら、環境全体が敵対していても、邪魔されることはありません。あなたの足を棘から守るために、地球の表面全体を革で覆うことはできないのです。

もし自分の心を守りたければ、マインドフルネスを保つ努力が必要です。注意を払わず、マインドフルネスが退化すると、過去に積み重ねた功徳が、まるで泥棒に盗まれたかのように失われるでしょう。結果として、あなたは不利な存在の状態へと陥るでしょう。煩悩は、強盗や泥棒のようなものです。常に抜け目なく、機会をうかがっています。チャンスを見つけると、あなたから徳を奪い取ってしまうのです。煩悩は、私たちの幸せな人生を奪います。ですから、決してマインドフルネスを弱めてはいけません。時にマインドフルネスを失うことがあれば、輪廻での終わりのない苦しみを思い出し、取り戻してください。

マインドフルネスと注意力を保つ方法は何でしょうか。精神的な師と付き合い、教えに耳を傾け、何を実践し、何を放棄すべきかを知ることです。教えを尊重すればするほど、私たちはより慎重になります。良い友人と付き合うと、自然と警戒心が保たれます。教えに耳を傾け、良い友人を手本とすることで、何を放棄し、何を実践すべきかを発見することができます。無常の本質や輪廻の苦しみについての説明を考えるとき、あなたは心の中に恐れを育むことになるでしょう。そのような恐れがあるからこそ、幸運な人はすぐに注意深くなることができるのです。

マインドフルネスを養うもう一つの方法は、仏や菩薩は全知の心を持っていることを思い出すことです。仏と菩薩は、常にあなたが何をしているのか知っています。彼らの存在を思い出すと、より注意深くなります。何か否定的なことをしたなら、あなたは恥ずかしく思うでしょう。

仏や菩薩は遮るもののない意識を持っているので、私たちは仏や菩薩から何も隠すことはできません。これを理解し、敬意を持ち続けることが、仏や菩薩を偲ぶ実践です。通常、私たちが祈りや祈願を唱えたり、名前を呼んだりすれば、仏や菩薩は私たちに注意を払ってくれるのだと、私たちは考えがちです。これは間違いなのです。仏陀の全知の心は、微細な粒子にいたるまであらゆるものに浸透しています。言い換えれば、仏陀の心は、時間や場所に関係なく、すべての現象を知っているのです。

自分が常に全知の仏や菩薩の面前にいることを理解することが、仏陀と仏陀の本質を偲ぶ方法です。これが、日々の実践にとって非常に重要なのです。

心にとどめておけば、これらの欠陥の一つが生じそうになったとき、自分自身を抑制することができるでしょう。例えば、誰かと話している間に、あなたは怒り始めるかもしれません。あなたのマインドフルネスは、会話を中断するか、あるいは話題を変えるように促すでしょう。相手が理不尽であったり、挑発的な言葉を使ったりしていても、同じやり方で復讐しても仕方がないと自分に言い聞かせるのです。この状況にこだわる代わりに、自分の心を相手の良いところに向けるのです。これは怒りを抑える手助けとなります。

煩悩に酔っている心は、精神的な実践の大きな柱に縛り付けるべきです。全力で自分の心を吟味し、一瞬たりとも心を迷わせないようにするのです。心が何をしようとしているのか、何をしているのかを観察してください。例えば、瞑想しようとするとき、最初に注意深く、気を散らさないようにする意図を養わなければなりません。その結果、十五分ぐらいは、注意をそらすことなく瞑想できるかもしれません。慣れてくれば、セッションを長くすることができます。

もちろん、心をコントロールし、瞑想の対象に心をとどまらせるのは困難です。心を思い通りに動かすことは容易ではありませんが、徐々に慣れてくれば、ある程度の成功を収めることができるでしょう。自分の心のコントロールに役立つテクニックなら、何を使っても構いません。例えば、ある瞑想をしているときに、壁に向かって座ると、気が散るのを防ぐ手助けとなることに気づくかもしれません。目を閉じるのが効果的になることもあります。またあるときには、目を開けたままにしているほうがもっと役立つかもしれません。それはあなたの個人的な傾向や状況によります。

このようにして、常に警戒し、煩悩や無意味な活動に巻き込まれるのを防ぐことができるのです。どこかに行きたいときや、何かを言いたいときは、まずそれが適切かどうかを判断してください。自分の中に執着が生まれそうになったり、誰かに腹を立てそうになったら、何もしないでください。話さず、考えず、木片のようにじっとしていてください。

もしあなたが突然、意味もない笑いが出そうになったり、何かを自慢したくなったり、他人の欠点を論じたくなったり、他人を欺《あざむ》きたくなったり、不適切なことや皮肉を言いたくなったり、または自分を褒めて、他人を批判したり叱りたくなったりしたら、そのときは木片のようにじっとしていてください。

もしあなたが、財産、尊敬、名声、高名を得たいと望んだり、あるいは、自分の周りに仲間の支持者を集めたいと思うなら、木片のようにじっとしていてください。もしあなたが、他人の目的をないがしろにしてでも自分の目的を果たそうと思うなら、そしてさらに、そのことを話したいと思うのなら、木片のようにじっとしていてください。

もしせっかちになったり、怠けたり、落胆したり、あるいは、おこがましい発言をしたくなったり、自己満足になりがちなら、木片のようにじっとしていてください。

常に警戒心を持ち、実践すべきこと、諦めるべきことに熟達してください。他人の支援に頼るのではなく、前向きな活動を行う自信を持ってください。小さな実践のために、大きな実践を放棄してはいけません。最も重要なことは、何をするにしても他者のためになることです。それは他者の願いを叶える効果があるはずです。

このきわめて重大な点を理解した上で、私たちは他者のために、絶え間ない努力をしなければなりません。これが、慈悲深い仏陀が説いたことです。仏陀は、先見の明があり、何が長期的に役に立つのか、何が短期的に役に立つのかを知っていました。だからこそ、仏陀の助言は柔軟であり、常に他者の利益のために働く菩薩は、本来は禁止されている行為が、許されることもあるのです。

心の性質として、何かをすることに慣れれば慣れるほど、そのことがやりやすくなります。私たちが変化した視点から苦しみを見ることができれば、さらに大きな苦しみにも耐えられるようになるでしょう。慣れることで何事も容易になります。小さな痛みを我慢することに慣れれば、次第にもっと大きな痛みにも耐えられるようになります。

虫に刺されたり、お腹がすいたり喉が渇いて不快な思いをしたり、棘が刺さったり擦れたりすることに耐えながら日常生活を送っている人々を、私たちはたくさん見かけます。人は慣れてしまえば、このような重要でない苦しみに、簡単に立ち向かえるのです。ですから私たちが、暑さや寒さ、風や雨、病気や怪我といった些細な問題に遭遇したとき、思い悩むことは問題を悪化させるだけです。自分の血を見て怖がるどころか、さらに勇敢になる人もいます。自分の血はおろか、血を見ただけで気を失って倒れてしまう人もいます。このような違いが生じるのは、人によって精神的な安定度が異なるからです。勇敢な人もいれば、かなり臆病な人もいます。

些細な問題に立ち向かうことを自発的に学べば、次第にさまざまなレベルの苦しみに対して無敵になるでしょう。苦しみに直面しても、決して心を乱すことを許さないのが賢者の道なのです。

五感器官の門を通って、存在は見たり、聞いたり、嗅いだり、味わったり、そしてさまざまな外部の形態、物体、印象と接触します。六感の関係である色（形）、声（音）、香（匂い）、味、触、そして精神的な出来事を遮断してください。これが行われると、心がくよくよと考えがちな過去の出来事を思い出すことは完全に中断され、記憶の流れが断ち切られます。同様に、将来の計画や、将来の行動の思索を発生させてはなりません。そのようなすべての思考プロセスの代わりに、空虚を作り出すことが必要なのです。

こうしたすべてのプロセスから解放されれば、純粋で、清らかで、明瞭で、静かな心が残るでしょう。

第六章　瞑想法

瞑想への道

　仏陀の教えの本質は、非暴力の行為と相まった相互依存の観点として要約することができます。これらが、私があなた方に覚えていてほしい基本原則です。独立して、あるいは単独で存在する機能的な現象はありません。すべての現象は、他の要因に依存しています。事物は、相互に依存しています。例えば、一国の平和は、近隣諸国の態度や世界全体の安全に左右されます。ある家族の幸せは、隣人や社会全体にかかっています。仏教徒は、縁起の理論を信じており、全能の創造主や何の原因もなく生み出されるものを信じていません。

　人々が基本的な倫理原則を忘れ、利己的な態度で行動すると、不快な結果が生じます。

隣人は自分自身の幸せとは無関係だと思うと、彼らを不当に扱います。彼らをいじめたり、他人を威嚇したり罵《ののし》ったりするのです。そのような場所で、平和と調和の雰囲気を期待できるでしょうか。答えは明らかに、「いいえ」です。敵意や憎しみなど邪悪な思考を抱くとき、あなたの心に喜びはなく、他の人にとって迷惑な存在になります。一方、優しさ、忍耐力、理解力を育むと、雰囲気全体が変わります。私たちのテキストである『七つの心の訓練法（The Seven-Point Mind Training）』には次のように書かれています。

まず初めに、前行《ぜんぎょう》の訓練をしなさい。

四つの前行の実践は次の通りです。自由で幸運な人間としての人生の稀有さと可能性について考えること、死と無常について考えること、行動とその結果について考えること、そして輪廻の欠点について考えることです。例えば、自由で幸運な人間として人生の稀有さと可能性について考えることで、現世の一時的な快楽への執着を克服します。死と無常について考えることで、来世における好ましい生まれ変わりに惹かれる気持ちを克服します。

さて、実際の瞑想セッション中と瞑想後の時間には、さまざまな活動が行われます。私たちは通常、瞑想中はできる限り集中するよう心がけます。瞑想後に心を無防備にし、注意散漫にしてしまうと、私たちの進歩に悪影響を及ぼします。ですから、瞑想後に以下のような修行が推奨されています。

瞑想とは、自分の心を変化させるために、徳のある対象に継続的に親しみを持つことを意味します。単にいくつかの点を理解するだけでは、心は変わりません。あなたは、利他的な菩提心の利点を頭では理解しているかもしれませんが、それは実際には自己中心的な態度に影響を与えません。自己中心性は、その理解に絶えず慣れ親しむことによってのみ、払拭されるのです。それが、瞑想の意味です。

瞑想には、二つの種類があります。「分析的瞑想」は、分析と内省を行いますが、「一点集中瞑想」では、心は理解したものに集中します。愛と慈悲について瞑想するとき、あなたは心の中で、「すべての衆生が苦しみから解放されますように」と考え、そのような態度を養おうとします。一方で、空や無常について瞑想するとき、空や無常を瞑想の対象とします。

ここで心の訓練の実践において、本行《ほんぎょう》を行うよう促すために、死や無常についての瞑想などの前行の実践が必要です。このような瞑想をするとき、まずそのテーマを分析してください。ある結論に達したら、それを心にとどめてしばらく集中してください。集中力が無くなってきたと思ったら、再び分析を行ってください。心の中に何らかの効果が表れるまで、何度でも同じ瞑想を続けることができます。それから、『菩薩の生き方への手引き』や『プレシャス・ガーランド』などの古代の書物に略述されているように、採用する理由の思考パターンを変えてみてください。

これは、異なる薬を試してみるようなものです。つまり、ある薬が他の薬よりもよく効くことがわかるかもしれません。一つの瞑想に頑固に固執し続けると、あまり役に立たないかもしれません。たくさん努力をしなければなりません。だから勉強が必要なのです。事前の勉強なしに瞑想をすることは、手を使わずに岩だらけの崖を登ろうとするようなものなのです。

姿勢と呼吸

瞑想のための正しい姿勢と呼吸法を説明する前に、実践に適した環境について触れたいと思います。初心者にとって、瞑想を行う環境は重要です。一定の経験を積むと、外的要因はほとんど影響しません。しかし、一般的には瞑想する場所は、静かであるべきです。私たちが心の一点集中について瞑想する場合、騒音のない完全に隔離された場所が必要です。

瞑想を行う環境をきれいにすることも同じくらい重要です。日常的な理由のためだけではなく、精神的な明瞭さを高めるという、心理的な効果を誘発するためにも掃除をするのです。アティーシャの主要な弟子の一人であるポトワ（Po-to-wa）は、「瞑想者が上級レベルに達すると、瞑想者が行うすべての行いは実践への刺激になる」と言いました。ですから、場所を掃除するとき、実際に掃除しなければならないのは心であるということを、思い出させるためだと考えてください。

瞑想中に正しい姿勢を保つために、瞑想用の椅子の後ろを少し高くすると、窮屈さが軽減されます。【結跏趺坐《けっかふざ》（蓮華坐《れんげざ》）】はとても難しいですが、痛みがなければそれが正しい座り方です。あるいは、【半跏趺坐《はんかふざ》（半蓮華坐）】や【アーリヤ・ターラ（Arya Tara）】姿勢（右足を伸ばし、左足を瞑想の姿勢で折り曲げる）で座ることもできます。これは非常に快適です。

正しい手の【ムドラー（mudra）】（印）、またはジェスチャーでは、右手の甲を左手

結跏趺坐：「趺《あし》」は足の甲のこと、「結」は趺を交差させ、「跏」とは反対の足の太ももの上に乗せること。結跏趺坐は足を結んだ形をしているのが特徴。

の手のひらに置き、親指二本を立てて互いに触れ、三角形を作ります。この三角形にはタントラ的な意味があり、真実の領域、現実の源、そしてへその内側の熱を象徴しています。

腕が体に触れないようにしてください。頭をわずかに下げ、舌先が口蓋に触れることで、瞑想者が深く一点に集中するときに、喉の渇きやよだれが出るのを防ぎます。唇と歯は自然な位置に保ち、目は鼻先を見るようにします。目の位置に関しては、初めは目を閉じたほうがより明確に視覚化が得られるかもしれませんが、長い目で見ると良くはありません。目を閉じてはいけません。視覚化は、感覚的なレベルではなく、精神的なレベルで行われます。目を開けて瞑想するように訓練すれば、瞑想している心象を失うことはありません。一方、目を閉じて瞑想するように訓練してそれに慣れてしまうと、目を開けた瞬間に心象を失ってしまいます。

瞑想中、呼吸は自然であるべきです。呼吸が激しくても、優し過ぎてもいけません。

半跏趺坐：結跏趺坐の略式坐法。片足を他の片足の上にのせ座ること。

腹を立てたり、カッとなったりするときのように、心が不安定な状態であるときは、呼吸に集中することによって落ち着きを取り戻すと良いでしょう。怒りを完全に忘れて、ただ呼吸を数えてください。呼吸に集中して、「一、二、三」と二十まで数えてください。心が、呼吸すること、呼吸が行ったり来たりすることに完全に集中すると、激情は治まります。その後は、はっきりと考えやすくなります。

瞑想を含むすべての活動は、意図や動機の力に大きく依存するので、瞑想を始める前に、正しい動機を培うことが重要です。しかし動機は、日常の生活の完璧さや幸福への関心だけに影響されてはなりません。正しい動機は、利他的な態度です。

静寂にとどまる

瞑想の実践を発展させるには、瞑想の安定化の訓練を進めなければなりません。それは、心がその対象に一点集中してとどまることです。瞑想の安定化には、多くの種類がありますが、ここでは【止《サマタ》（shamatha）】について説明します。サマタの本質は、身体的、精神的な柔軟性の至福と結びついた心を、注意を逸らすことなく、どんな対象にも一点に集中してとどまることです。帰依を加えれば、それは仏教の修行であり、すべての衆生のための最高の悟りへの願望を加えれば、それは大乗仏教の修行です。

その功徳とは、人がサマタを達成すれば、その人の心と体は喜びと至高で満たされるということです。つまり人は、その精神的、身体的な柔軟性の力を通して、自分が選択するどんな徳のある対象にも心を向けることができ、透視やエマネーション（放散）などの多くの特別な資質を得ることができます。サマタの主な目的と利点は、サマタを通じて、人は空を認識する特別な洞察力（ヴィパッサナー：vipasyana）を達成することができ、それによって輪廻から解放されるのです。

サマタを達成するためには、次のような因果の収集すべてがなければなりません。雑音は集中力の妨げになるので、実践する場所は雑音がない場所であるべきです。そして場所と水が調和している必要があります。瞑想者自身は、欲をほとんど持たず、満足を知り、世の中の喧騒から解放され、不道徳な身体的行為や言葉による行為を避けるべきです。聞いたり考えたりすることで、瞑想者は、瞑想の対象についての誤解を排除しているべきです。そして欲望の欠点や無常の意味などについて考える術を知っているべきです。サマタの実際の実践に関して、未来の仏である弥勒菩薩は、彼の『中道と極道の区別』(Madhyantavibhanga)の中で、「その発生の原因は、五つの欠点の放棄と八つの処方の適用を観察することである」と言っています。

放棄すべき五つの欠点とは以下の通りです。

- **怠惰**：瞑想の安定化を培うことを望まないこと
- **忘却**：瞑想の対象を覚えていないこと
- **無気力と興奮**：瞑想の安定化を中断すること

・**解毒剤の非適用**：無気力や興奮が発生したときに起こること
・**過剰適用**：無気力や興奮が消えても解毒剤を適用し続けること

八つの処方は、これらの欠点を放棄するための手段です。怠惰に対する解毒剤は以下の通りです。

・**信仰**：瞑想の安定化の良い特質を見ること
・**願望**：その良い特質を達成しようとすること
・**努力**：瞑想の安定化に取り組むことに喜びを感じること
・**心身の柔軟性**：（努力の）効果

忘却に対する処方は以下の通りです。

・**マインドフルネス**：対象への集中力を維持し続けること

無気力と興奮に対する処方は以下の通りです。

- **認識**：無気力や興奮が生じたこと、あるいは生じていることを知ること

非適用に対する処方は以下の通りです。

- **適用**：無気力や興奮に対する処方に従うこと

過剰適用に対する処方は以下の通りです。

- **適用の停止**：努力を緩めること

集中状態

八つの処方を適用することにより、五つの欠点は次第に取り除かれ、人は九つの集中状態を通過します。それらは以下の通りです。

・**心を定める**：心を集め、内的対象（仏陀の可視化された姿など）に向けること
・**継続して定める**：前の状態よりも、対象への集中力を伸ばすこと
・**再集中**：注意散漫を即座に認識し、対象に戻ること
・**さらに定める**：粗雑なもの（瞑想対象の視覚化された側面）に集中する心を集め、微細なもの（対象の細部）にますます着実に定めること
・**鍛錬**：瞑想の安定化の良い特質を知り、それに喜びを感じること
・**鎮静**：瞑想の安定化に対する嫌悪をやめること
・**徹底的な鎮静**：努力によって、わずかな無気力や興奮さえも、それらが生じた直後に放棄すること
・**一点集中**：集中を乱すものによって瞑想のプロセスが中断されないという背景において、安定的な瞑想状態を継続すること
・**平衡を保つ**：マインドフルネスと意識に頼る努力を必要とせずに、瞑想の対象に自然に意識を向けること

以上の九つの集中状態は、六つの力を用いて達成されます。第一の状態は聞く力によって、第二は考える力によって、そして第三と第四は、マインドフルネスの力によって達成されます。第五と第六は熟知の力によって達成されます。

四つの精神活動（心がその対象に従事する方法）、九つの集中状態の間に発生します。

・**強制的に固定する**：第一と第二の状態の間、心は集中の対象に強く固定されます
・**断続的に固定する**：第三から第七状態まで、集中が断続的に起こります
・**中断せずに固定する**：第八の状態の間、心は中断することなくその対象にとどまることができます
・**無理なく固定する**：第九の状態では、心は自然にその対象にとどまります

右記で説明したレベルの性質、順序、区別を誤りなく理解し、サマタを培えば、人は一年ほどで完全な瞑想の安定化を簡単に生み出すことができます。

これは対象全般に適用される、サマタに関するテーマへの取り扱いでした。特に、もし人が心そのものを対象として捉えサマタを養うと、さらなる利点が見つかります。人は自分自身の心を識別します。心は、空間と同じように空虚で、形や形状といった物理的な性質を持っていません。それは、対象のどのような側面であれ、鮮明に見えるものを単に理解するものです。心がこのようなものであると確認したら、右記で説明したように、人は時間の状態、五つの欠点の放棄、八つの処方の適用などに取り組みます。こうしてサマタを養うのです。

これは、私が初期の仏教の教えを極端に省略する意味で、サマタの要素を列挙したに過ぎません。サマタを達成したという尺度は、ひとたび身体的、そして次に精神的な柔軟性が達成されると、不動の柔軟性、つまり心がその対象に一点に集中してとどまることを達成するということです。そのとき、人は最初の集中の準備段階に含まれる、実際のサマタを達成します。三界のうち、この集中は色界に属します。サマタを達成した心は有益であり、どのような徳のある対象や意味に置かれても、心は一点にとどまります。

この力を通じて、意味を理解する心の能力は非常に大きいのです。

第七章　覚醒

菩提心とは

菩提心《ぼだいしん》とは、宇宙のすべての存在を苦しみから解放するために、悟りの境地を達成しようとする意図のことです。菩提心を育むためには、瞑想しなければならず、単なる希望的観測や祈りによって培われるものではありません。それが何を意味するのかを知的に理解するだけでは養われません。単に祝福を受けるだけでも培われません。私たちは、瞑想と反復的、または長期的な習慣化を通じて菩提心を養わなければなりません。菩提心についての瞑想を持続できるようになるには、まず修養の利点を理解する必要があります。私たちは、菩提心を培うための強い願望を育む必要があり、それが急務であると理解しなければなりません。

このように、善良な心を養うことに価値があることは明らかですが、問題はそれをどのように行うかです。心を訓練するということに関して、善良な心とは菩提心のことを指し、善良な心の最良、最高、究極の形態です。それは、完全に智慧によって補完された無限の善心です。菩提心は、二つの願望を持つ心であると、経典では説明しています。それは他者の目的を達成しようとする願望と、悟りの境地を達成しようとする願望です。

では、「智慧によって補完される」とは何を意味するのでしょうか。仏陀に帰依する心の場合を考えてみましょう。そのような心の状態には、仏陀は一切の欠点がなく、すべての資質を備えた究極の帰依の対象であることを受け容れることが含まれるかもしれません。それは単に、仏陀が尊く聖なる存在であることを受け容れることかもしれません。それは、信仰の問題かもしれません。

しかし、そのような仏の性質や、仏の存在の可能性についての分析と探求に基づく、帰依のもう一つのプロセスもあります。この検討の結果として、そのような仏は可能であると、私たちは理解するようになります。仏陀の本質を理解するようになり、仏はすべての障害から解放された独特の性質を備えた心を持っていることを理解するようになります。そして、そのような優れた仏の意味を理解することで、確信に基づいて仏陀に帰依するという深い感覚を養うことができるのです。これは、単なる信仰よりもはるかに強力で安定したものです。

菩提心を養うことは、これに似ています。まだ空を理解していない菩薩でも、衆生の目的や願いを成就させたいと心から願うことができます。この願いに基づき、仏はすべての衆生のために、悟りの境地を目指す心を生み出すことができるのです。しかし通常、私たちが菩提心について語るとき、無限の衆生の苦しみを取り除くことができるかどうかを調査し、もしそうであれば、そのための手段を決定することに基づいています。このような反省と思考に基づき、次の行で述べられているように、私たちは悟りの意味を考察します。

衆生に焦点を当てた慈悲。

そして悟りに焦点を当てた智慧。

衆生のために悟りを得たいと願う崇高な菩提心を養い、悟りは達成することができるという知識を深めれば、それは素晴らしく勇気ある心となります。

私たちが菩提心の訓練をするとき、この二つの願望、すなわち悟りの境地への願望と他者に利益をもたらしたいという願望について訓練すべきです。他者に利益を与える願望の源、自分よりも他者のために大きな関心を持つ菩提心は、慈悲です。真の慈悲を育む中で、私たちは苦しみに悩む衆生に強い関心を持つ心と、苦悩に苦しむ衆生を好ましく愛おしく思う心を訓練します。しかし同時に、このような衆生の苦しみの本質を見抜くことができなければなりません。私たちはこの二つを別々に訓練する必要があります。

仏性

大乗仏教の道への唯一の入り口は、菩提心を生み出すことです。大乗仏教の中には、顕教と、密教の二つの教えしかありません。どちらに入りたいにせよ、唯一の入り口は、菩提心です。菩提心を持っているときは、大乗仏教に属しますが、菩提心を手放すとすぐに大乗仏教から離れます。菩提心を生み出した瞬間に、たとえ輪廻の苦しみに縛られていたとしても、目覚めた仏たちからも尊敬の対象となるでしょう。

ダイヤモンドのかけらが、他のすべての装飾品をも凌ぐ素晴らしい宝石であるように、ダイヤモンドのような菩提心は、たとえ弱いときでも、個人の解脱を追求する人々が持つすべての資質を凌駕します。仏教哲学者であるナーガールジュナ（Nagarjuna：龍樹《りゅうじゅ》）は、『プレシャス・ガーランド』の中で、もしあなたが至高の悟りというこの上ない境地に到達したいのであれば、その源は菩提心である、と述べています。ですから、山の王のように安定した菩提心を生み出してください。

菩提心を育んでいない人は、タントラの秘密の修行に入ることはできません。タントラの教えへのアクセスは、イニシエーション（口伝）やエンパワーメント（灌頂《かんじょう》）を受けたものに限定されており、菩提心を持っていない者は、タントラのイニシエーションを受けることはできません。これは、密教への入り口もまた、菩提心を持っているかどうかにかかっているという明確な声明なのです。

菩提心は、悟りを開くための種のようなものです。あらゆる肯定的な資質を培う畑のようなものです。すべてのものがくつろぐ大地のようです。すべての貧しさを取り除く富の神のようです。すべての菩薩を守る父親のようです。願いを叶える宝石のようです。あらゆる願いを叶える奇跡の壺のようです。煩悩の敵を打ち破る槍のようです。不適切な考えからあなたを守る鎧のようです。煩悩の首をはねる剣のようです。あらゆる攻撃を食い止める武器のようです。あなたを輪廻の海から引き出すかぎの手のようです。すべての精神的な障害とその根源を追い散らす旋風のようです。菩薩の祈りや活動のすべてを網羅した集中的な教えのようです。誰もがお供物を捧げることができる神社のようです。

ですから、自由で幸運な人間としてのこの貴重な人生を見つけ、仏陀の完全なる教えに出合った私たちは、菩提心を大切にすべきなのです。チベット仏教の伝統をとても価値あるものにしているのは、菩提心を生み出すための貴重な技法が含まれているからです。愛と思いやりを育み、他の衆生の幸福への関心を育むこの伝統が存在することは、大変幸運なことです。私自身、このような時にそのような教えを説くことができることは、極めて幸運なことだと思います。同様に、このような非常に貴重な心構えについて読むことができるあなた方も、非常に幸運なのです。

私たちは、菩提心を単に称賛の対象として、敬意を払うべきものとして考えるべきではありません。菩提心は、私たちの中で生み出されるべきものなのです。私たちには、そうする能力と選択肢があります。

人生の初めのころに、ひどく利己的な人間であったかもしれませんが、決意があれば、自分の心を変えることができるのです。あなたは、祈りに描かれている「自分の目的のために働くことを決して期待せず、常に他者の利益のために働く」人のようになるかもしれません。

菩提心を育むための手段

人間として、私たちには知性と勇気があります。これらの特性を活かせば、私たちが目指すことを達成できるはずです。私自身は、解脱の経験はありませんが、三十代のころ四諦について考え、解脱を達成する可能性と菩提心を養う可能性を比較したことがあります。私は、自分で解脱を達成することは可能であると考えていました。しかし、菩提心について考えてみたとき、それはかなり遠いことのように思えました。たとえそれが素晴らしい資質であっても、達成するのは本当に難しいだろうと思っていました。

時が経ち、私はまだ菩提心を身につけていませんが、それにかなり近づいていると感じています。十分努力すれば、育むことができるかもしれないと思っています。菩提心について聞いたり考えたりすると、私は嬉しくなると同時に、悲しい気持ちにもなります。私も皆さんと同じように、怒りや嫉妬、競争心といったネガティブな感情を経験しますが、繰り返し慣れ親しむことで、私は菩提心に近づいているとも感じています。ある特定の対象に慣れ親しむと、その対象に関して心が安定するのは、心のユニークな性質です。自然の制約を受ける肉体的な進歩とは異なり、心の資質は無限に発展させることができます。心は火のようなもので、絶えずエネルギーを供給し続ければ、さらに大きくなります。慣れれば、楽にならないことはないのです。

他者の利益を考える従来の菩提心を実際に育む第一歩は、自己中心性の欠点を認識し、他者を慈しむことの利点を理解することです。この菩提心を育むための主要な実践は、自分自身と他者を差し替える実践です。この実践の取り組み方には、さまざまな解釈がありますす。どの解釈にも共通しているのは、まず初めに、衆生を愛情をもって見ることが必要であるということです。私たちは、彼らのことを楽しくて魅力的であると考え、彼らへの強い愛情を養うように努めなければなりません。そのためには、他の衆生に対する揺れ動く感情を調整する平静感を生み出す必要があります。

これを行うには、目の前に三人の人物を思い浮かべるといいでしょう。一人は、身内か友人、もう一人は敵、そしてもう一人はあなたが中立だと感じている人物です。彼らに対するあなたの自然な反応を観察してください。私たちは通常、身内には親しみを感じ、敵とは距離を感じ、その他の人に対しては無関心になる傾向があります。身内か友人のことを考えるとき、その人に親しみを感じ、すぐにその人の幸せを案ずる気持ちを抱きます。敵のことを考えるとき、あなたは即座に不快感を覚え、落ち着かなくなります。もしその敵が困難に遭遇したら、あなたは喜ぶかもしれません。中立的だと思う人について考えるとき、その人が不幸であろうと幸せであろうと、あなたはあまり気にならないことに気づきます。どうでもいいと感じるのです。このような自分の揺れ動く感情に気づいたら、それらが理にかなっているかどうかを自問自答してみてください。もし、身内か友人があなたを傷つけていることを想像したら、その人に対するあなたの反応が変わることに気づくでしょう。

私たちが現世で友人と呼ぶ人たちは、ずっと友人だったわけではありません。私たちが現在敵だと思う人たちも、永遠に敵対しているわけではありません。現世で友人や身内であるこの人物は、前世では敵だったかもしれません。同様に、私たちが今敵だと見なすこの人物は、前世では自分の親だったかもしれないのです。ですから、今友人だと思っている人たちだけに関心を持ち、敵だと思っている人を軽視するのは愚かなことなのです。

ここでの目的は、あなたの身内や友人に対する執着を減らし、敵に対して怒りや憎しみを軽減することです。あなたの友人ではなかった衆生など存在しないという考えを思い返してください。そうすることで、他のすべての衆生に対する平静さを養うことができます。

また、殺人、窃盗、性的虐待を慎むことといった純粋な倫理を守ることができるのは、他の衆生との関係においてのみです。十善の行いはどれも、他の衆生との関係以外では行えません。同様に、私たちは、他の衆生との関係においてのみ、寛大さ、倫理、忍耐の実践を培うことができます。他の衆生との関係においてのみ、私たちは愛、慈悲、そして菩提心を育むことができるのです。例えば慈悲とは、他の衆生の苦しみに心を注ぎ、そのような苦しみから彼らが解放されることを強く願うときに生まれる心の状態です。ですから、対象としての他の衆生の存在がなければ、私たちは慈悲心を育むことはできないのです。

ナイフや銃を使った力では、心を変えることはできません。心は色や形もなく、弱々しく見えるかもしれませんが、実際には強靭で丈夫なのです。心を変える唯一の方法は、心そのものを使うことです。心だけが、なすべきことと放棄すべきことを区別することができるからです。こうして、無知の闇を払拭することができるのです。心が、徳行に従事することによる一時的で究極的な利益と、徳のない悪行の欠点を理解できれば、そ

十善：不殺生《ふせっしょう》、不偸盗《ふちゅうとう》、不邪淫《ふじゃいん》、不妄語《ふもうご》、不綺語《ふきご》、不悪口《ふあっく》、不両舌《ふりょうぜつ》、不慳貪《ふけんとん》、不瞋恚《ふしんに》、不邪見《ふじゃけん》の十悪を犯さないこと。

れに従って行動することができるようになります。

愛と慈悲を生み出すことは、実践の初期、中期、そして仏果を得る最終段階において、極めて重要です。そして、仏の完全に目覚めた状態に到達することによってのみ、あなたは衆生の目的を果たす能力を持つことができるのです。弟子を集める四つの手段（与える、快く話す、教える、教えに従って行動する）や六波羅蜜《ろっぱらみつ》（布施、持戒、忍辱《にんにく》、精進、禅定、智慧）のような実践は、実際は衆生に依存して生み出されます。大乗仏教の実りある実践はすべて、他の衆生の幸せへの配慮に関連して生じます。ですから、あなたの視線が衆生に注がれるたびに、「私は、このような存在に依存することによって完全に目覚めるだろう」と考え、愛と慈悲をもって衆生を見るのです。

肥沃な土壌に健康な種を植えれば良い作物が収穫できるように、衆生を大切にすることで、仏性という素晴らしい作物を刈り取ることができます。衆生の幸せを大切にすることで、良い生まれ変わりと仏の完全なる目覚めの両方を獲得することができるのです。

畜生、餓鬼、地獄の住人が経験するさまざまな種類の苦しみは、衆生を傷つけた結果です。衆生の幸せをないがしろにすると、食べることや他人に食べられたりする惨めさ、飢えや渇き、圧倒的で容赦ない痛みに遭遇することになるでしょう。

与えることと受け取ることとは、大きな心の勇気と決意をもって行われるべき実践です。偉大な仏教の師であるシャラワ（Sha-ra-wa）は、このような教えに心を慣らしたいのであれば、修行は単に急な斜面を転がる石のようであってはならず、また、よどんだ池のぬるま湯のようであってはならないと言いました。血のように赤く、凝乳《ぎょうにゅう》のように白くなければなりません。つまり、自分の心を訓練するためには、いい加減な気持ちであったり、ためらったり、不安を抱いたりするのではなく、完全に打ち込み断固としていなくてはなりません。あなたが成功を求めているのであれば、ある日は心の訓練の実践に取り組み、次の日には別のことをするということは期待できません。

愛と慈悲の訓練を受けたあなたは、なぜ完全に目覚めた仏の状態に到達する必要があるのかと疑問に思うかもしれません。個人の解脱を決意している偉大な存在や、精神的な発展の第十段階にある菩薩は、他の存在を手助けする大きな能力を有しています。しかしながら、完全な悟りを得ることによってのみ、数えきれないほどの存在を、苦しみを超えた状態に置くことができるのです。ですからあなたは、自分自身と他者の目的の両方を果たすことのできる、完全に覚醒した仏の状態を得るという強い願望を抱くべきなのです。

今日、私たちの多くが、悟りの境地に達することは本当に可能かどうか疑問を抱いているかもしれません。仏果について話すとき、二五〇〇年以上前にこの世に現れた仏陀だけを思い浮かべるかもしれません。ですから、悟りの本質をよく理解することが大切です。初めに、私たちの心を汚す欠点を取り除く可能性について理解しなければなりません。これが、悟りの到達を可能にするのです。このことを理解することができれば、菩提心を生み出すための私たちの努力は鼓舞されるでしょう。また、智慧は悟りに焦点を当て、慈悲は他の衆生のニーズに焦点を当てるといわれています。自分の心の中で悟りを得る可能性を理解すると、悟りを達成することを熱望するでしょう。

七つの心の訓練法（七事の心の訓練法）

これは、仏教の師であるゲシェ・チェカワ（Geshe Chekawa）が、心の訓練の実践を指導してきた長年の経験の結果として書き上げた著作です。以下、引用します。

大悲に敬意を表します。

この秘密の教えの蜜の真髄はスマトラ出身の師から伝授されたものです。

この教えの意義をダイヤモンド、太陽、薬樹のように理解すべきです。

五濁《ごじょく》は完全なる覚醒した状態の道へと変化するでしょう。

※五濁＝仏教の見解において「悪い世界（末世）」に発生する五つの相。

❶劫濁《こうじょく》――時代の汚れ、飢饉や疫病、戦争などの社会悪が増大すること。

❷見濁《けんじょく》——邪悪な思想や見解がはびこること。
❸煩悩濁《ぼんのうじょく》——貪《とん》・瞋《じん》・痴《ち》などの煩悩が盛んになること。
❹衆生濁《しゅじょうじょく》——衆生の資質が低下し、十悪を欲しいままにすること。
❺命濁《みょうじょく》——衆生の寿命が次第に短くなること。

1．実践の基礎となる前行の説明

最初に、前行を訓練しなさい。

2ⓐ．実際の実践：従来の菩提心の訓練

すべてを非難する者を追放しなさい。
すべての衆生の大いなる優しさについて瞑想しなさい。
与えることと受け取ることの組み合わせを実践しなさい。
与えることと受け取ることは交互に実践し、
自分から受け取ることから始めるべきです。
この二つは、呼吸に乗せて行われるべきです。

三つの対象、三つの毒、三つの徳について、
従うべき教えを、簡単に言えば、
すべての活動において、これらの言葉を心に刻むことです。

※三つの対象、三つの毒、三つの徳
三つの対象＝いいもの、わるいもの、どちらでもないもの。
三つの毒＝貪《とん》・瞋《じん》・痴《ち》。
三つの徳＝無貪・無瞋・無痴。

2ⓑ・至高の菩提心の訓練

安定が得られたら、秘密の教えを伝えなさい。
すべての現象を夢のようなものだと考え、
不生の意識の本質を調べなさい。
救済策そのものは、独自の場所で解放され、
道の本質をすべての基礎の本質に置きなさい。
瞑想の合間には、呪術師、幻想の創造主のようになりなさい。

3．逆境を悟りへの道に変える

環境とそこに住む人々が不健全さであふれるとき、逆境を悟りへの道に変えなさい。

ことあるごとに即座に熟考しなさい。

至高の方法には四つの実践が伴います。

※四つの実践

❶仏とラマに供養して祈願する。
❷罪を浄化する。
❸魔に供養する。
❹護法尊に供養する。

4．一生の統合された実践

五つの力を訓練しなさい。

※五つの力

❶発心《ほっしん》の力：今から死に至るまで、また悟りに至るまで、二つの菩提心を保持する力。

二つの菩提心：世俗菩提心と勝義菩提心。

❷習慣化の力：何度も繰り返し二つの菩提心を学ぶ力。
❸善種子の力：二つの菩提心を起こし、菩提心が増すようにあらゆる力をもって徳を積む力。
❹非難の力：自身を大切にするという迷いの心が生じた時、それに気づき、自身の悪業によって迷いの心が生じていると考える力。
❺祈りの力：「あらゆる善行を成すために、今から仏陀の境地に至るまで二つの菩提心を学び、それらと離れることがないように」、「どんな悪縁が生じてもそれらをすべて法を実践する友として伴う力があるように」と祈る力。

五つの力そのものは、意識の転移に関する大乗の教訓です。
これらの実践の道を養いなさい。

5．心を訓練した尺度

すべての教えを一つの考えに統合しなさい。
二人の証人を第一に重視すべきです。
常に喜びの心だけを養いなさい。
訓練された心の基準は、心が転向したことです。

訓練された心には五つの偉大なる印があります。

※五つの偉大なる印

❶どんな苦難と損害を被っても悲嘆することなく忍耐力をもって乗り越える不屈の精神の印。

❷他者を大切にすることによる摩訶薩の心の印。

❸すべての行為を十の法の行為のどの実践からも離れずに善行を積む偉大なる実践者の印。

❹悪しき罪によって穢されることなく穏やかで平和な状態に在ることによる偉大なる持戒者の印。

❺祈真なる大乗の道に至ったことによる大瑜伽行者《だいゆがぎょうじゃ》の印。

訓練された〝心〟は、気が散っているときでも制御を維持します。

6．心の訓練の誓約

常に三つの一般的なポイントを訓練しなさい。

※三つの一般的なポイント

❶誓いを破らない。

❷見せかけの修行をしない。

❸偏った心も持たない（すべての存在へ平等な心を持つ）。

資質を養い、煩悩を捨て去るために、強力な手段に積極的に取り組みなさい。

すべての（利己的な）理由を克服しなさい。
困難な状況に対処するために、絶えず訓練しなさい。
他の条件に頼ってはいけません。
態度を変えつつも、自然な振る舞いを維持しなさい。
他人の欠点を口にしてはいけません。
他人のことを気にしてはいけません。
報酬の望みはすべて捨てなさい。
毒のある食べ物は避けなさい。
誤った忠誠心を持ち続けてはいけません。
悪意のある冗談を言ってはいけません。
待ち伏せしてはいけません。
心臓を攻撃してはいけません。
馬の荷物を子馬に乗せてはなりません。
レースに勝つために全力疾走してはいけません。

神を悪魔に変えてはなりません。
幸福の手段として他人の不幸を求めてはいけません。

7. 心の訓練の教訓

すべてのヨーガは一つとして行われるべきです。
最初と最後に行うべき二つの活動があります。

※二つの活動＝朝と夜に行う、仏教的な行い。朝は、菩提心を起こし衆生のために自分が修行して悟りを得ようという動機を整える。そのように心を整えて一日を始めること。夜は、一日積んだ功徳を生きとし生けるものに捧げる（廻向《えこう》）祈りを行うことなどを指す。

まずは簡単な実践から訓練しなさい。
どちらが起こっても、両方に耐えなさい。
命をかけて両方を守りなさい。
三つの困難を訓練しなさい。

※三つの困難

1 初めの困難：自分の否定的な感情や思考パターンに気づくことなど。

❷中間の困難：気づいた思考パターンに対処し習慣的なパターンを変えることなど。
❸最後の困難：古い習慣の連鎖を断ち切り新しい習慣を確立すること。

すべてを大乗の道に変えなさい。
包括的で広範囲にわたる実践を大切にしなさい。
三つの主な条件を求めなさい。

※三つの主な条件
❶菩提心を起こすこと。
❷逆境を転換する訓練をすること。
❸すべての道を仏教の教えの道へと転換すること。

まず粗雑なものから浄化しなさい。
より効果的なものを実践しなさい。
三つの要素を弱めてはなりません。

※三つの要素
❶人間の身体に対する尊敬を失わないこと、師や善き友への尊敬を失わないこと。
❷三宝（仏陀、教義、僧伽：仏法僧）と菩提心への信仰心を失わないこと。

❸日常的な修行の実践を継続させ中断しないこと。

三つの不可分なものを所有しなさい。

※三つの不可分なもの

❶身体と善行を分けないこと。すべての身体的な行為を善行に転換すること。

❷言葉を仏教の教えと分けないこと。すべての言語的な行為を仏教の教えに転換すること。

❸心と菩提心を分けないこと。心的な行為を菩提心に転換すること。

もし逆戻りしたら、解毒剤として瞑想しなさい。

今すぐ主要な実践に取り組みなさい。

将来常に鎧をまといなさい。

間違った理解を適用してはいけません。

散発的であってはなりません。

怯むことなく実践しなさい。

検証と分析によって解放されなさい。

自慢してはいけません。

短気になってはいけません。
一時的な試みをしてはなりません。
感謝を期待してはいけません。

実践することの意味

「宗教制度を実践する」という言葉は、単なる身体的な変化、僧院での生活、あるいは暗誦《あんしょう》に与えられるものではありません。宗教の実践は、自分自身の思考の観点から行われなければなりません。教えを自分自身の思考に取り入れる方法を知っていれば、身体的な行為も言葉による行為も、すべて実践と一致させることができます。教えを自分の思考に取り入れる方法を知らなければ、瞑想しても、経典を暗誦しても、寺院で一生を過ごしても、何の役にも立ちません。それゆえに、実践には思考が重要なのです。したがって、三宝（仏陀、教義、僧伽：仏法僧）に帰依し、行為とその結果の関係を考慮し、他者を助ける態度を生み出すことが最も重要です。

かつてチベットに、ドロム（Drom）いう有名な高僧がいました。ある日、ドロムは舎利殿の周りを歩いている一人の男を見かけました。

「舎利殿の周りを歩くのは良いことだ」

「修行はもっといい」

と彼は言いました。

男は、（それなら、聖なる本を読むのはいいだろう）と思い、そうしました。そしてある日、男が本を読んでいると、ドロムが彼を見て、

「聖なる本を読むのは良いことだ。実践は、さらに良いことだ」

と言いました。

男は、（これでも十分ではないようだ。今、私が瞑想をするとしたら、それは間違いなく実践になるだろう）と思いました。ドロムは、彼が瞑想しているのを見て、

「瞑想は良いものだ。実践はさらに良いものだ」

と言いました。男は驚いて、

「どうやって実践するのですか」

と尋ねました。ドロムは、

「現世に執着せず、心を修行に向けなさい」

と答えました。ドロムがこう言ったのは、修行は思考に依拠するからです。

第八章　心を修練する八つの教え

偈《げ》

心を修練する八つの教えは、仏教の師であるゲシェ・ランリ・タンパ（Geshe Lang-ri Tangpa）によって書かれた短い作品で、悟りにおける心の実践、特に自己と他者を交換する瞑想を、彼の人生において最も重要なものと考えていました。これらの偈は、私がラサの幼い少年だったときに初めて教えられたもので、それ以来、個人的な実践の一環として毎日唱えています。

如意宝珠にも勝る
すべての衆生の最高の幸福を
成し遂げるという決意とともに

私は衆生をこの上なく大切にすることにします

他者と交わるときはいつでも
自分を誰よりも低い存在だとみなし
心の奥底から敬意を持って
他者を至高の存在とすることを学びます

いかなる行いをするときも
自分の心を吟味することを学び
自分と他者を危険にさらす煩悩が生まれるやいなや
毅然と向き合い回避します

意地の悪い存在や
激しい悪行や苦しみに苛《さいな》まれている人々を

まるで得難い貴重な宝を見つけたかのように
慈しむことを学びます

他者が嫉妬から
罵倒や中傷などで私をひどく扱ったとしても
私はすべての負けを引き受け
彼らに勝利を捧げることを学びます

私が大きな希望をもって利益を与えた相手が
理由もなく私をひどく傷つけたとき
その人を優れた精神的指導者として
みなすことを学びます

つまり、例外なくすべての人に

直接的にも間接的にもあらゆる助けと幸せを捧げ
母たちのすべての害と苦しみを
敬意を持って私が引き受けることを学びます

これらすべての実践を
八つの俗世間の穢れ（欲）に穢されないようにし
すべての現象は幻のごときと理解することで
執着の束縛から解放されますように

心の訓練に関する八つの偈のうち、最初の七つの偈で論じられているのは通常の菩提心です。最後の偈では、菩提心の別の形、つまり究極的菩提心についてごく簡単に言及しています。

この八つの偈の最初の偈には、こう書かれています。

八つの俗世間の穢れ：仏教用語で世間八法のこと。1. 得、2. 損、3. 名誉、4. 不名誉、5. 称賛、6. 非難、7. 楽、8. 苦

「衆生のより大きな幸福を成し遂げようとする決意を持ち、如意宝珠にさえ勝る人々を、私はいつでも大切にできますように！」

ここで語られているのは、自己と他者の関係です。この点に関して、通常の状況は何でしょうか。一般的には、人は、――もちろん自分を高く評価して――自分自身、自分の関心事を大切にしているといえます。したがって、幸せを見出し、苦しみを避けることによって自分自身の幸福を達成するという任務を大切にしているといえるでしょう。この重荷は、大切な最大の関心事として、自分自身が背負うものなのです。同時に、他者への配慮は、一般的に重要ではない、あるいは取るに足らないものとして見捨てられています。

この状況を変えるためには、自分の幸せを重視し、他人の幸せを取るに足らないものと考えるこの態度を逆転させる心の訓練を理解する必要があります。なすべきことは、他者の幸せを高く評価し大きな関心を寄せる一方で、自分自身の幸せは比較的取るに足らないものだとみなすことです。これが目的です。それを達成するためには、さまざまな方法を含む持続的な心の訓練が必要です。

本文の第二の偈にはこう書かれています。

「他者と交わるときはいつでも、自分を誰よりも劣った者、他者を至高の者とみなし、心の奥底からそう思うことができますように」

この詩句の内容は、他者を見下すこれまでの態度とは対照的です。むしろ、私たちは今、すべての衆生を尊敬し、あるいは自分の兄弟のように思い、自分は彼らよりも劣っていると考えているのです。私たちは今、彼らを慈しみ、私たちの体、心、そして全存在をすべての生き物の幸せのために捧げ、今、至高の存在として見ています。

第三の偈にはこう書かれています。

「いかなる行いをするときも、自分の心を探り、対立や心の歪みが生じ、自分や他者を危険にさらすようなことがあれば、すぐに毅然と向き合い回避することができますように」

自分が他者を尊敬していると考える立場から、他者を慈しむというこの姿勢を養おうとするとき、この姿勢はさまざまな心の歪み、つまり、これまで自己愛から逃れることを妨げていた心の歪み、誤った自己概念から逃れることを妨げていた心の歪みと矛盾していることに気づきます。

この矛盾を考慮すると、この偈は、私たちがそのような心の歪みから身を守らなければならいことを強調しています。心の中に歪みが生じたら、家を守るかのように自分の思考を見張らなければならないのです。これは、マインドフルネスと識別意識で行われます。この二つは、心の内なる監視人のようなもので、内なる警察に似ています。これらが心の中に存在する場合、外部の警察は必要ありません。それは、こういう人は不健全で有害な行為をしないからです。しかし、この内なる監視人、マインドフルネスと識別意識の内なる警察が欠けていると、外にいくら警察がいても、対処することはできません。例えば、テロリストの事例を見れば、警察がいかに無力であるかがわかります。

第四の偈にはこう書かれています。

「暴力的な歪みによって抑圧された邪悪な性質の存在を見るとき、まるで私が貴重な宝物を見つけたかのように、彼らが私にとって大切な存在でありますように」

この偈は特に、人喰い人種やとても邪悪な存在などのように、どこか極端に嫌悪感を抱かせる存在に言及しています。そのような存在に出会ったとき、私たちは彼らに危害を加えようとは思わないかもしれませんが、目をそらしたり、彼らと接触しないようにしたりなどする、彼らを避けようとする自然な傾向があるかもしれません。

しかし、このような態度は払拭されるべきです。彼らがいてもいなくても、培われるべきものは、そのような存在に対する愛情のこもった気遣いなのです。そうすれば、私たちが彼らに会った時に、「ああ！　彼らに対して何かしなければならない。私が背負わなければならない重荷だ。私が何か行動を起こさなければ」というような感情を抱くことはありません。むしろ、そのような存在に出会ったとき、まるで貴重な宝石や宝物、あるいはとても輝かしいものを見つけたかのように感じ、喜んで彼らを助ける機会を受け入れるべきなのです。

第五の偈にはこう書かれてあります。

「他者が怒ったり、罵倒や中傷などで私を不当に扱うとき、私が敗北を味わい、彼らに勝利を捧げることができますように」

ですから、役に立ちたいということの姿勢、他者を大切にしたいという願いを養うことが重要です。しかし、特にどんな理由であれ、私たちに危害を加えようとする魔術師の願望を持つ存在、それが怒りによるものであれ、私たちを失望させようとするものであれ、私たちに物理的に危害を加えようとするものであれ、単に私たちの病気を願おうとするものであれ、そのような存在に対する姿勢を養うことを、実践の最も中心的なポイントと考えるべきです。このような存在に対しては、まるで彼らが貴重であるかのように、特別な敬意を払うべきです。そのような衆生に対して、もし彼らの自分に対する悪意の態度が何らかの争いにつながった場合、なすべきことは、自分の敗北や損失を受け入れ、彼らに勝利を許すことです。これが前述の偈の本質です。

第六の偈にはこう書かれています。

「私が利益を与えた人が、私をとてもひどく扱うとき、私は彼を私の最高の導師としてみなすことができますように」

膨大な数の衆生の中には、特別な努力をして奉仕したり、特別な親切を示したりした人がいるかもしれません。それは、崇高で正しい行為とみなされるでしょう。そのような人には、その親切に報い、恩人に対する気遣いを示すのが相応しいでしょう。しかし、私たちが誰かに親切にしたときに、その人が粗末で不相応な方法で応えるかもしれません。その場合、動揺して、不当に扱われたと感じるのが、私たちの自然な反応です。

今、菩薩がなすべきことは、つまり、このような姿勢を培った人が、相手を自分の精神的な導師とみなし、起こったことを非常に素晴らしい機会としてとらえ、この人物を大切にすべき人として特別に評価することです。なぜなら、彼は忍耐と寛容を培う機会を私たちに与えてくれたからです。このようにして菩薩は、心構えを養っているのです。

さて、第七の偈に移りますが、そこにはこう書かれています。

「要するに、直接的にも間接的にも、私がすべての母親たちに、利益や幸福を捧げることができますように。彼女たちの苦悩や苦しみを、私が密かに引き受けることができますように」

これはやはり、従来の心の目覚めを指しています。ですから今、自分よりも他者を大切にするというこの素晴らしい態度をしっかりと育み、熱心になるためには、慈悲の根底から生じさせる必要があります。慈悲とは、他者の苦しみに耐えられず、彼らがその苦しみから解放されることを切望する心によって感じられるものです。他者への思いやりのある配慮をとても真剣に感じるのみならず、他者の幸せや安寧を喜びの気持ちで見つめる慈愛の姿勢も身に付けなければなりません。

この二つ、すなわち慈悲と慈愛は、自分よりも他者を積極的に大切にする源です。これらに基づいて、【トンレン（gTong-Len：与えることと受け取ること）】と呼ばれる実践が構築されました。

自分の幸せを実際に他者に引き渡し、他者の苦しみを直接自分が引き受けることができるのは、ごく限られた場合にのみ可能なことです。それは、自分と他の個人が、おそらくは前世からのカルマの縁に基づく、非常に特殊なタイプの関係にある場合に起こります。そのような場合、他者から自分への苦しみの転移を実際に引き起こすことができるかもしれませんが、通常それは不可能です。では、なぜこの態度を培うように訓練するのでしょうか。それは、人格、勇気、熱意という大きな強さを獲得することにつながり、菩提心を養う自分自身の実践を向上させるからです。

本文の最後の第八の偈には、次のように書かれています。

「このすべてが、八つの俗世間の穢れによって穢されないままでありますように。すべてのダルマや現象の構成要素が幻であることを認識することによって、執着を離れ、輪廻の束縛から解放されますように」

この最後の偈での中核的な意味は、心の究極的な目覚めの育成に関連しています。他の偈が実践の種類に直接関係しているのに対し、この偈は心の目覚めに直接関係しています。

自分よりも他者を大切にする心を養うことは、大きな危険を伴います。それは、私たちは長い間、ダルマの実践を妨げる可能性がある心の歪みにさらされてきたからです。この実践から得られる評判を気にして人は汚染されるかもしれませんし、自分が実践を行った人から贈り物を受け取りたいと密かに願うかもしれません。また、次のような考えが生まれる可能性があります。《ああ、私は信仰深い人間で、ダルマの実践者です！》これは、他の存在に対するプライドや優越感につながり、彼らを軽蔑する原因となるかもしれません。

これらのさまざまな心の歪みとそれに関連する態度は、私たちに非常に影響を与えやすいのです。心の目覚めを培う際にこのような危険があるため、いわゆる八つの俗世間の穢れには特に注意を払う必要があります。この八つには、名声、称賛、喜び、利益が含まれます。人がダルマを実践する際、これらから心を完全に解放しなければなりません。この種の心を育てるには、自分自身には全く関心を持たず、他者に対して無垢な関心を持つという意味で、純粋でなければなりません。これは極めて重要なことです。

第九章　有意義な生と死

死という課題

私たち全員の頭の中を占めているものは、いかに平和に生き、死ぬかということです。死は苦しみの一形態であり、むしろ避けたい経験ですが、私たち一人ひとりに必ず訪れるものです。とはいっても、私たちが恐れることなく、この歓迎されない出来事に立ち向かうことができるような行動を取ることは可能です。死の際に落ち着き平静でいるための主な要因の一つは、私たちがどのように人生を生きてきたかです。自分の人生を有意義なものにすればするほど、死の際に後悔することは少なくなります。ですから、死を迎えるときどのように感じるかは、私たちのこれまでの生き方に大きく左右されるのです。

寿命や永劫を尺度とする精神修養に着手することで、死に対して異なった視点を持つことができます。多くの人生を経てあなたが存在している中で、死は服を着替えるようなものです。服が古くなって着古したら、新しい服に着替えます。これは、死に対するあなたの心構えに影響します。死は生の一部であるという、より明確な認識が生まれます。より粗雑なレベルの心は、私たちの脳に依存しているので、脳が機能している限り働き続けます。脳が停止するとすぐに、心のこれらのレベルも自動的に停止します。脳はより粗雑なレベルの心が出現するための条件ですが、実質的な原因は、始まりのない微細な心の連続性にあります。

命が終わろうとしているとき、他の人たちは私たちに、粗雑な意識のレベルが消滅する時点まで、ポジティブな心の状態を生み出すことを思い出させてくれます。しかし、一旦微細な意識の状態に入ると、それまでの素質の力だけが助けになります。その時点で、他の誰かが徳の高い実践について私たちに思い出させることは、非常に難しいのです。ですから、若い頃から死を意識し、心の分解に対処する方法に慣れ親しむことが大切です。私たちは、視覚化を通じてリハーサルを行うことにより、実現することができます。そうすれば、死を恐れる代わりに、死に対して興奮を感じるかもしれません。私たちは、長い間準備してきたのだから、死という課題に効果的に立ち向かえるはずだと思うかもしれません。

恐れを克服する

瞑想でより深い微細な心を体験すると、実際に死をコントロールすることができます。もちろん、それは修行の上級レベルに達して初めてできることです。タントラには、意識の転移のような高度な実践がありますが、死の際に最も重要な実践は、菩提心だと思います。それこそが、最も強力なのです。私自身の日々の修行において、一日に七、八回、さまざまなタントラの修行と関連した死のプロセスについて瞑想していますが、それでも、私が死ぬときに菩提心を思い出すのが一番簡単だと確信しています。それが、私が本当に身近に感じる心なのです。

もちろん、死について瞑想することで、私たちは死への心構えもしているので、もはや死について心配する必要がなくなるのです。私はまだ、自分の実際の死に直面する準備はできていませんが、実際に死に直面したときに、私はどのように対処するのだろうかと考えることがあります。もっと長く生きれば、もっと多くのことを成し遂げることができると確信しています。私の生きる意欲は、死に直面することへの興奮と同じです。

死を思い出すことは、仏教の実践の一環です。これにはさまざまな側面があります。一つには、現世とその魅惑からの分離を強化する手段として、死について絶えず瞑想することです。もう一つの側面は、死の過程をリハーサルし、死ぬときに経験する心のさまざまなレベルに慣れ親しむことです。より粗雑なレベルの心が途絶えると、より微細な心が前面に出てきます。死の過程を瞑想することは、微細な心をより深く体験するために重要なのです。

死とは、この肉体に一定の限界があることを意味しています。肉体がもはや維持できなくなったとき、私たちは死に、新しい体を身につけます。肉体と精神の組み合わせの上に指定された基本的な存在または自己は、特定の肉体はもう存在しなくても、死後も存続します。微細な体は残るのです。その観点から、存在には始まりも終わりもありません。悟りの境地に至るまで存続するのです。

それにもかかわらず、人は死を恐れます。今生での前向きな行動によって自分の将来を保証できない限り、不利な存在の状態で生まれ変わる危険があります。今生で、たとえ自分の国を失い、難民になったとしても、あなたはまだ人間の世界で生きているのです。援助やサポートを求めることができます。しかし、死後は全く新しい状況に遭遇します。今生で得た通常の経験は、一般的には死後には何の役にも立たないのです。

きちんとした準備をしていないと、不幸なことになりかねません。準備をする方法は、心を訓練することです。あるレベルでは、これは誠実で慈悲深い動機を培い、積極的な行動を行い、他の衆生に仕えることを意味します。別のレベルでは、それは自分の心をコントロールすることを意味し、未来に備えるためのより奥深い方法なのです。最終的には、瞑想の主な目的である、自分の心の支配者になることができるのです。

死後のことを何も信じていない人たちは、死は人生の一部だと考えた方がいいでしょう。遅かれ早かれ、私たちはみな、死と向き合わなければなりません。そうすることで、少なくとも死を何か普通のこととして考える助けになるでしょう。たとえ意図的に死について考えないようにしたとしても、死から逃れることはできないのです。

このような問題に直面したとき、あなたには二つの選択肢があります。一つは、単に死について考えないこと、心の中から消し去ることです。少なくとも、あなたの心は平静を保てるでしょう。しかし、これは信頼できる選択肢ではありません。それは、問題が残っていて、遅かれ早かれ、その問題に直面しなければならないからです。もう一つの選択肢は、問題と向き合い、深く考えてみることです。私の知っている兵士たちは、実際に戦いに赴くときよりも、戦う前のほうが、より大きな力を発揮するのだと言います。死について考えることで、あなたの心はその考えに慣れていくでしょう。実際に死に直面したときに、ショックは小さくなり、動揺も少なくなります。ですから、死について考えたり話したりすることは有益だと思います。

私たちは、自分の人生を有意義なものにしなければなりません。経典では、「存在の領域は、秋の空に浮かぶ雲ように無常である」と表現されています。人間の誕生と死は、ドラマの参加者が出入りするのを見ることによって理解することができます。俳優がある衣装に身を包み、次に別の衣装に身を包むのを見るのです。短期間のうちに、彼らはたくさんの変化を経験します。私たちの存在もまた、そのようなものです。人の命が衰えることは、空の稲妻や大岩が急斜面から落下することに例えられます。

水は常に下に向かって流れます。上に向かって流れることはできません。ほとんど気づかないうちに、私たちの命は尽きるのです。精神的な実践の価値を受け入れる私たちは、自分の将来の人生について考えるかもしれませんが、心の中では主に現世の目的に焦点を当てています。こうして私たちは混乱し、輪廻に陥ってしまうのです。私たちは、人生を無駄にしています。生まれた瞬間から、私たちは死に近づいていきます。それなのに、私たちは主に、食べ物や衣服、友人を蓄えることに人生を費やしています。死を迎えるとき、私たちはこれらすべてを後に置いていかなければなりません。一人で同伴者もなく、来世に旅立たなければならないのです。

私たちに利益をもたらす唯一のものは、私たちが精神的な実践を行い、心の中にポジティブな痕跡を残した場合です。もし私たちが人生を無駄にするのをやめ、精神的な実践をするように自分自身を奮い立たせるには、私たちの体は生まれた瞬間から自然に無常であり、分解の対象であるという事実と、無常と自分の死について瞑想しなければなりません。

精神的な実践としての死

精神的な実践に取り組むことは、単に現世に利益をもたらすためだけではなく、死後の人生に平和と幸せをもたらすためでもあります。実践を妨げるものの一つに、私たちは長く生きるであろうと考える傾向があります。私たちは、ある場所に定住することを決めた人のようなものです。そのような人は、富を蓄え、建物を建て、作物を植えるなど、自然と俗事に関わるようになります。一方、死後の生活をより気にかけている人は、旅をしたい人のようです。旅人は、不測の事態に備え、目的地に無事到着できるよう準備します。死の瞑想の結果、実践者は名前、名声、財産、社会的地位など、現世のことにあまり執着しなくなります。現世のニーズを満たすために働く一方で、死の瞑想をする人は、来世に平和と喜びをもたらすエネルギーを生み出す時間を見つけるのです。

死に対する意識は、形式的な瞑想と分析的な瞑想の両方を通して発達させることができます。まず知的に、死の確実性を理解しなければなりません。それは、曖昧な理論上の問題ではなく、明白で観察可能な事実なのです。私たちの世界は約五十億年前に誕生したと考えられており、人類は過去十万年間存在してきました。そのような長い時間の中で、死に直面しなかった人間が一人でもいるでしょうか。どこに住んでいても、海の奥に隠れようと、大空に飛び立とうと、死は絶対に避けられないのです。

あなたが誰であろうと関係ありません。あなたは死ななければならないのです。スターリンと毛沢東は、二十世紀で最も権力を持った二人です。とはいえ、彼らもまた死ななければならなかったのです。彼らは、恐怖と不幸の中で死に直面したようです。生きていたとき、彼らは独裁者として支配していました。彼らは、彼らの命令通りになる準備ができていた、従者や取り巻きに取り囲まれていました。彼らは冷酷に支配し、自分たちの権威に挑戦するものは何でも破壊する用意がありました。しかし、彼らが死に直面したとき、それまで信頼していたすべての人、権力、武器、軍事力など、彼らが頼りにしていたすべてのものは、もはや何の役にも立たなくなったのです。このような状況では、誰でも恐怖を感じるでしょう。

死を意識することの利点は、自分の人生を有意義なものにするのに役立つということです。あなたは、短期的な快楽よりも、永続的な平和と幸せの方が大切だと考えるようになるでしょう。死を回想することは、ハンマーで否定的な傾向や煩悩をすべて破壊するようなものです。

死に対する認識を高める際、次に死がいかに予測不可能なものであるかを考える必要があります。これは、有名なことわざで表現されています。〝明日か来世、どちらが先に来るかわからない〟。私たちは皆、いつか死が訪れることを知っています。問題は、私たちが常に、それが将来のいつかのことになると考えていることです。私たちは、いつも世俗的なことに追われています。ですから、死が予測不可能であることについて、瞑想することが不可欠なのです。伝統的な書物には、この世の人々の寿命は、特にこの堕落した時代において、不確かなものだと説明されています。死はいかなる規則や秩序にも従いません。老いも若きも、金持ちも貧乏人も、病弱な人も健康な人も、誰もがいつでも死ぬ可能性があります。死に関して、当たり前のことは何もありません。丈夫で健康な人が、予期せぬ事態で突然死ぬこともあれば、弱って寝たきりの患者が、長い間持ちこたえることもあります。

死に至る原因と、生命を維持するのに役立つ限られた要因を比較すると、死が予測不可能である理由がわかります。私たちは、この人間の体を大切にし、丈夫で長持ちすると信じています。しかし、現実は私たちの希望を裏切るのです。岩や鋼鉄に比べれば、私たちの体は弱く繊細です。健康を維持し、生命を維持するために食事をしますが、食べ物でさえ私たちを病気にさせ、死に至らしめることがあります。私たちが永遠に生きることを保証するものは何もないのです。

死は、人生の終わりとして恐れられています。さらに悪いことに、富、権力、名声、友人、家族など、私たちが現世で取り組んだものは、その時には何の役にも立ちません。

あなたは、巨大な軍事力に支えられた権力者かもしれませんが、死が襲うとき、それはあなたを守ることはできません。あなたは裕福で、病気になったときに最高の治療を受けることができるかもしれませんが、死が最終的に勝るとき、死を未然に防ぐことができる専門家を雇うことはできません。あなたがこの世を去らなければならないとき、あなたの富は後に残されたままです。一銭たりとも持って行くことはできません。大切な友人も同行することはできません。あなたは一人で、次の世界に立ち向かわなければなりません。精神的な実践の経験だけが、あなたを助けてくれるのです。

あなたの体はとても貴重なものです。それは、あなたが受胎したときから、最も信頼できる、最も揺るぎのない仲間です。あなたは、この体に最高のケアを与えるために、できる限りのことをしてきました。お腹が空かないように食事を与え、喉が渇いたときには飲みものを与え、疲れたときには休ませてあげました。自分の体を世話するため、快適にするため、保護するために、何から何まで準備してきました。公平な立場でいうならば、あなたの体もまた、あなたに奉仕してきました。体は常にあなたのニーズを満たす準備ができています。心臓の機能だけでも驚きです。心臓は常に動いています。心臓は文字通り、あなたが何をしていようと、眠っていようと起きていようと、決して止まることはありません。

しかし、死が訪れると、体は諦めます。あなたの意識と肉体は分離し、あなたの大切な肉体は、単なる恐ろしい死体となります。ですから、死の面前では、富も財産も、友人も親戚も、そして自分の肉体さえも、何の役にも立たないのです。未知のものに立ち向かう助けとなるのは、意識の流れに植えた美徳だけです。だからこそ、精神的な実践が、あなたの人生を有意義なものにする助けとなるのです。

菩提心を思い出すことで、死の際に自動的に落ち着きと心の平和がもたらされます。死ぬときに徳の高い心の状態を培うことで、徳の高い行いが熟し、良い生まれ変わりができるのです。このように、仏教の実践者の観点から見ると、有意義な日常生活を送るということは、徳の高い心の状態に慣れ親しむことであり、それが最終的に死と向き合うのに役に立つのです。死の際の体験がポジティブなものになるか、ネガティブなものになるのかは、あなたがこれまでの人生でどのように実践に取り組んだかに大きく左右されます。

大切なのは、日々の生活が有意義でなければならず、私たちの態度が前向きで、幸せで、温くあるべきだということです。

第十章　空を理解する

幸せと満足の達成

外的現象の知識、そしてその知識の応用は、現在私たちが科学と呼んでいるものです。主に内的現象に焦点を当てたアプローチと方法、そして意識や心のような内的現象の応用は、知識の別の領域を構成しています。どちらも目的は同じで、すべての人間の深い関心である、幸せと満足の達成です。

目的だけでなく、その方法も、それを実行に移すのは個人であるため、人間に直接関係しています。外的現象を調査する科学者も、やはり幸福を求める生きた人間であり、それが彼の職業であろうとなかろうと、意識は彼の関心事でもあるのです。意識や瞑想に関心のあるスピリチュアルな人は、物質を扱わなければなりません。一つのアプローチだけでは十分ではありません。実際、もし一つのアプローチだけで十分だとわかっていたなら、これらの分野をまとめる必要性は決して感じられなかったでしょう。

ですから、どちらのアプローチも非常に重要であり、それらを互いに関連づけるために、私はいくつかの言葉を述べたいと思います。

縁起

仏教の基本的な見解や哲学は、【縁起】です。人が縁起の見解について語るとき、事物は依存して存在すること、あるいは何かしらに依存して帰属することを意味しています。物質的現象の場合、事物はその部分に依存して存在すると特定されますが、非物質的な複合現象は、それらの連続性、または連続性の側面のいずれかに依存して存在すると説明されます。したがって、外的現象であれ内的現象であれ、その部分や側面に依存しない限り、何も存在しないといえます。

もしある現象について、その帰属の根拠を調べるとしたら、実際にその現象である「もの」、つまりその現象を表している、指し示すことができるような固い塊はまったく見つからないでしょうから、現象は心の帰属によって存在するということになります。

現象は、帰属する心から独立して存在しないので、人は【空《くう》】といいます。それは帰属する心に依存しない、本質的な存在の欠如を意味します。事物は独自に存在するのではなく、条件に依存して存在するため、異なる条件に遭遇するたびに変化します。このように、事物は条件に依存して出現し、条件に依存し消滅します。原因や条件から独立した、本質的な存在のまさにその欠如が、誕生や消滅など、現象の中で起こり得るすべての変化の基礎なのです。

観察者、あるいは「参加者」の役割を科学的に解釈することと、観察された現象は単なる心のイメージや投影、または心のビジョンとして存在するのではなく、むしろ心とは別の実体として存在するという仏教の見解を比較することは、興味深いかもしれません。心と物質は別のものです。物質は、それを認識し、名前をつける心とは別のものです。

このことは、例外なくすべての現象に関して、それ自体が実体を持たない単なる心の創造物や現れではありませんが、その究極的な存在様式は、それらを「帰属者」として帰属させる心に依存しています。ですから、その存在様式は、「帰属者」とはまったく別のものですが、その存在自体は帰属者に依存しています。この視点は、おそらく観察者の役割の科学的な説明と一致すると思います。両者を説明するために、異なる用語が使われていますが、その意味は多少関係があります。

現象の本質

表面上は、前述した縁起と空は、かなり矛盾しているように見えるかもしれません。しかし、もっと深いレベルで分析すれば、現象は空であるが故に、依存して発生するか、あるいは、依存して存在しており、その依存的な存在のために、本質的に空であることが理解できるようになります。それゆえに、人は空と縁起の両方を一つの基盤の上に確立することができ、それによって一般的なレベルでは矛盾しているように見える二つの顔が、深いレベルで理解されると、補完的な形で組み合わさっていることがわかります。

現象の出現様式は、実際の存在様式とは区別されます。心が現象の現れ方を理解し、その出現が真実であると信じ、その特定の考えや概念に従うとき、人は間違いを犯します。その概念は、対象を理解する上で完全に歪んでいるため、実際の存在様式、または現実そのものと矛盾しているのです。つまり、「あるもの」と「現れるもの」の間にあるこの相違や矛盾は、現象は、実際には本質的な性質がないにもかかわらず、たとえそのような性質が欠けていたとしても、普通の心にはあたかも固有に存在しているかのように見えるという事実によるものです。同様に、原因に依存するものは、実際には無常で移ろいやすく、絶え間なく変化しているにもかかわらず、あたかも永続的で不変であるかのように「見える」のです。

繰り返しになりますが、本質的には苦しみであるものが、幸せのように見えるのです。そして、現実には偽りであるものが、真実のように見えるのです。現象の存在様式とその出現様式の間のこの矛盾について、微細さには多くのレベルがあります。「あるもの」と「現れるもの」の間の矛盾の結果として、あらゆる間違いが生じます。この説明は、ある現象の出現様式と存在様式の違いについての科学者の見解と、共通点が多いかもしれません。

一般的にいえば、空と縁起の意味を理解すると、さまざまな原因や条件の結果として、肯定的、あるいは否定的であれ、相応する成果や結果が生じるという因果の法則を、自然と深く確信するようになります。そうすれば、人は原因にもっと注意を払うようになり、また、さまざまな条件をより認識するようになります。人が空をよく理解しているか、空に慣れ親しんでいると、心に執着や憎しみなどの歪みが生じることは少なくなります。歪みは、「あるもの」と「現れるもの」を正しく区別していないという誤った見方によって引き起こされるからです。

例えば、自分の心の状態によって、観察するものに対する感情がどのように変化するかは、あなた自身の経験からもわかると思います。対象は同じでも、自分の心が穏やかであれば、怒りのような強い感情に圧倒されている場合よりも、あなたの反応ははるかに小さくなります。

現象の実際の存在様式、存在のありのままの思考は、空です。このことを理解し、現象の出現の矛盾した性質を理解するとき、人はこの誤った見解が真実ではないことを、すぐに悟ることができるでしょう。その結果として、執着や憎しみなどのすべての心の歪みは、その誤解に基づくものであり、現象の矛盾した性質に根ざした欺瞞であるため、その力を弱めるでしょう。

私たちは次のように問うかもしれません。「対象を理解する意識や心のレベルの違いは、どのようにして実際に存在するようになるのでしょうか?」意識のレベルの違いは、ある対象に向かって意識を活性化させ、動かす内的なエネルギーの微細なレベルの違いに関係しています。ですから、対象に向かって意識を動かす際の繊細さと強さのレベルが、意識のさまざまなレベルを決定し、確立します。

内なる意識と外部の物質との関係を考えることは、大変重要です。多くの東洋哲学、特に仏教では、四つの要素【四大《しだい》】である、地、水、火、風について、または空を加えた五つの要素【五大《ごだい》】について述べています。最初の四つの要素の、地、水、火、風は、空の要素によって支えられて存在し、機能することができます。つまり、空、あるいは「エーテル」がすべての要素が機能するための基盤となっているのです。

これらの五つの要素は、外的な五つの要素と、内的な五つの要素の二つの種類に分けることができ、外的要素と内的要素の間には明確な関係があります。『時輪《じりん》タントラ（カーラチャクラ・タントラ）』などのある仏典によると、空間、または「エーテル」という要素は、単に何もない、完全な空虚ではなく、「空の粒子」という用語で表現されています。したがって、この空の粒子は、他の四つの要素の進化と溶解の基礎として機能します。他の四つの要素は、空の粒子から生成され、最終的には空の粒子に吸収されます。溶解のプロセスは、「土、水、火、風」の順に進行し、生成のプロセスは、「風、火、水、土」の順に進行します。この四つは、固体（土）、液体（水）、熱（火）、エネルギー（風）という観点からよりよく理解されています。

四つの要素は、この空の粒子の基礎から、微細なレベルから粗雑なレベルへと生成され、粗雑なレベルから微細なレベルへと溶解し、空の粒子となります。空、つまり空の粒子は、このプロセス全体の基礎となります。

空の瞑想

すべての欺瞞的な現象は、空という性質において同じであることを理解するために、私たちは空に集中します。悟りの心の瞑想と集中の訓練が成熟したら、空の実践が始まります。

一般的に、空を瞑想するとき、対象の出現（姿、外観）を取り消す必要はありませんが、ここではタントラの実践に関することなので、対象の出現（姿、外観）を取り消すことが推奨されます。

この実践には、二つの方法のいずれかで始めることができます。まず、すべての出現

（外観）を消し、それから空を瞑想する方法と、まず空を瞑想し、それから対象のすべての出現（外観）を消す方法です。

では、空についての実際の瞑想について簡単に説明します。ここでは、否定されるべきものを特定することが非常に重要です。仏教の主な宗派は、私たちが四法印と呼ぶものを受け入れています。その四つとは次のようなものです。

・**諸行無常**《しょぎょうむじょう》（すべての事物は無常である）
・**一切皆苦**《いっさいかいく》（すべての汚染された事象は、苦しみの本質にある）
・**諸法無我**《しょほうむが》（すべての事象は無我であり空である）
・**涅槃寂静**《ねはんじゃくじょう》（涅槃だけが平安である）

ここでは、無我とは自己充足的な人の空のことを指しています。まず、空について瞑想するためには、私たちが瞑想している空、つまり否定されるべきものを特定しなければばなりません。否定の対象を特定しない限り、その不在のイメージを持つことはできません。そのためには、まず自分自身を振り返ってみるのが便利です。

「私がする、私が食べる、私がとどまる」のような自然な感覚があるとき、自分の心にどんな自分、あるいは「私」が現れるかを考えてみてください。それから、さまざまなテクニックを試してみてください。例えば、自分が不当に非難された嫌な状況や、褒められた楽しい状況を思い出してみてください。そのような経験をしているとき、あなたの心の状態は不安定で、その時、あなたは「私」という自己をかなりはっきりと感じ取ることができたようです。

この「私」があなたの心に現れたとき、それは、独立した存在のような、あなたの肉体や精神から切り離された何かとして現れたのでしょうか。自分の肉体や精神から独立した、指で触れることができそうなほど鮮明にあなたの前に現れるタイプの「私」、あるいは自己は、最も誤解された投影であり、それが否定の対象なのです。

否定されるべきものを特定すること、これが最初の重要な部分です。

第二の要点は、そのような「私」、または独立した自己が存在するのなら、それは肉体と精神が一体となって存在するのか、それとも肉体と精神から真に切り離されて存在するのか、それとも第三の在り方で存在するのかについて考えることです。

あなたはさまざまな可能性に目を向ける必要があります。それが本当に独立した実体として存在するのであれば、それは肉体や精神、【五蘊《ごうん》】と一体であるか、あるいは分離しているかのいずれかであることがわかるでしょう。なぜなら、第三の存在方法はないからです。

これが第二の要点です。選択肢は、五蘊と一体であるか、あるいは五蘊とは全く異なるかのいずれかです。

五蘊：仏教で人間の肉体と精神を五つの集まりに分けたもの。
色蘊《しきうん》、受蘊《じゅうん》、想蘊《そううん》、行蘊《ぎょううん》、識蘊《しきうん》。

さて、もし自己が五蘊と一体であるならば自己が一つであるように、肉体と精神は自己と同一であるため、肉体と精神は一体であるはずだという考えについて検討してみましょう。もし自己が分離しているなら、五蘊が多様であるのと同じように、自己も多様であるべきです。

そして、もしこの独立した自己、あるいは「私」が、五蘊から全く離れた、はっきりと分離したものとして存在するのであれば、五蘊が存在しなくなった後でも、自己を見つけることができるはずだと考えてみてください。しかし、そうではないのです。

このような調べ方で探求すると、五蘊の側からはそのような「私」を、特定できないことがわかります。

このように推論すると、以前あなたの意識に現れていた独立した「私」や自己は、誤解や投影であることがわかります。「私」は存在しないのです。

例えば、夜明けや夕暮れ時の光があまりないときに、怖くなって、ぐるぐると巻かれたロープを蛇と勘違いするかもしれません。その人の心の中にある蛇のイメージはさておき、物体であるロープの側には、蛇が実際に存在するという感覚はありません。

五蘊に関しても同じです。五蘊の中に自己の姿を認識するとき、そのような姿は五蘊の中から生じているように見えますが、五蘊の中には自己として識別できる粒子は微塵もありません。先ほどの例で、蛇が単なる誤解された投影であるのと同じように、蛇の真の存在はありません。

同じように、私たちが五蘊とは異なる人物の外見や認識を持つとき、五蘊の側からは、その人の真の存在はなく、五蘊にはラベルが貼られているだけです。対象の側に本質が存在しない限り、どちらの場合も同じです。

対象の側から見た状態に関する限り、両者に違いは全くありません。違いは、認識する心、つまり主体の側から来るものでなければなりません。私たちがその巻きついたロープを蛇と名付けるならば、それは誤った概念です。しばらくすると太陽が昇り、対象がはっきりと見えるようになり、有効な認識、つまり別のタイプの意識によって、そのロープを蛇と見なす誤解を解くことができるのです。

巻きついたロープに「蛇」というラベルを貼ることは、有害になる可能性があります。しかし、人の場合、客観的な現実は存在しませんが、五蘊に人というラベルを貼れば、目的は果たされます。それを払拭できる意識は他にありません。しかし、もし私たちが、だから人は存在しないのだというのなら、私たち自身の経験が、その誤った結論と矛盾することになります。したがって、人という存在は、ラベルを与える主観的な意識からのみ正当化されなければなりません。この理由から、事物は名目上だけ存在するといわれるのです。客観的な現実は存在しないのです。

第十一章　普遍的な責任

暴力を排除するために

私はムーブメントを起こしたり、イデオロギーを支持することは信じていないということを、言及しておきます。また、ある特定の思想を推進するために組織を設立するといった行為も好きではありません。これは、あるグループの人たちだけが目標を達成する責任を負い、それ以外の人たちは免除されるということを意味しています。現在の状況では、私たちの誰も、他の誰かが私たちの問題を解決してくれるだろうと考える余裕はなく、私たち一人ひとりが、普遍的な責任を分担しなければならないのです。このようにして、関心を持った、責任ある個人の数が増えれば、何十人、何百人、何千人、あるいは何十万人という人々が、全体の雰囲気を大きく改善するでしょう。前向きな変化はすぐに訪れるものではなく、継続的な努力が必要です。もし私たちが落胆してしまうと、どんなに簡単な目標でさえも達成できないかもしれません。絶え間なく、決意をもって取り組むことで、最も困難な目標でも達成することができるのです。

普遍的な責任を負う姿勢を採用することは、基本的には個人の問題です。思いやりの真価が問われるのは、抽象的な議論で何を言うかではなく、日常生活でどのように行動するかです。それでも、特定の基本的な考え方は、利他主義の実践の根底を成していま す。完璧な統治システムはありませんが、民主主義は、人間の本質に最も近いものです。したがって、民主主義を享受する私たちは、すべての人々の権利のために闘い続けなければなりません。さらに、民主主義は、グローバルな政治構造を構築できる唯一の安定した基盤です。一つになって取り組むためには、すべての民族と国家が、独自の特徴や価値を維持する権利を尊重しなければなりません。

特に、国際ビジネスの領域に思いやりをもたらすことは、とてつもない努力が必要とされるでしょう。経済的不平等、特に先進国と発展途上国の間の不平等は、依然としてこの地球上で最大の苦しみの原因となっています。

たとえ、短期的には損をしたとしても、多国籍大企業は、貧しい国々からの搾取を抑制しなければなりません。先進国の消費主義を煽るためだけに、貧しい国々が持つ数少ない貴重な資源を利用することは、悲惨なことです。このまま野放しにすれば、いずれ私たち全員が苦しむことになるでしょう。脆弱で一様な経済を強化することは、政治的、経済的安定の両方を促進するための、はるかに賢明な政策です。理想主義的に聞こえるかもしれませんが、競争や富への欲望だけでなく、利他主義がビジネスの原動力となるべきなのです。

私たちはまた、現代科学の分野において、人間の価値に対するコミットメントを新たにする必要があります。科学の主な目的は、現実についてさらに学ぶことですが、別の目的は、生活の質を向上させることです。利他的な動機がなければ、科学者らは有益な技術と単なる便宜的なものとを区別することができないのです。私たちを取り巻く環境被害は、この混乱の結果の最も明白な例ですが、生命そのものの微妙な構造を操作できるようになった、驚異的な新しい一連の生物学的技術を私たちがどのように扱うかを管理する上で、適切な動機はさらに重要になるかもしれません。私たちのあらゆる行動が、倫理的な基盤に基づいていなければ、生命の繊細な基盤に恐ろしい害を与える危険があります。

世界の宗教も、この責任から免れるわけではありません。宗教の目的は、美しい教会や寺院を建てることではなく、寛容さ、寛大さ、愛といった肯定的な人間の資質を培うことです。世界のどの宗教も、その哲学的見解がどうであれ、何よりもまず私たちの身勝手さを軽減し、他者に奉仕しなければならないという教訓に基づいています。残念なことに、宗教そのものが、解決よりも多くの争いを引き起こすこともあります。異なる信仰の実践者たちは、それぞれの宗教の伝統には計り知れない本質的な価値があり、心と精神の健康をもたらす手段を有していることに気づくべきなのです。

一種類の食べ物のように、一つの宗教がすべての人を満足させることはできません。さまざまな精神的性質に応じて、ある人はある種の教えから、他の人は別の教えから恩恵を受けます。どの宗教も、素晴らしく心温かい人々を生み出す能力を持っており、たびたび矛盾した哲学を信奉しているにもかかわらず、すべての宗教はそのような人々を生み出すことに成功しています。したがって、分裂をもたらす宗教的な偏見や不寛容に関与する理由はなく、あらゆる形態の精神的実践を大切にし、尊重する十分な理由があります。

私たちは今、人類史上最も苦しい時期にいます。武器の破壊力が飛躍的に高まったために、かつてないほど多くの人々が暴力に苦しみ、暴力によって命を落としています。さらに私たちは、人間社会を常に引き裂いてきた基本的なイデオロギーの間の、ほぼ末期的な競争も目の当たりにしてきました。すなわち、一方では圧倒的な権力、他方では、自由、多元主義、個人の権利、民主主義などです。

この巨大な競争の結果は、今や明らかだと思います。平和、自由、民主主義という人間の善良な精神は、いまだ多くの暴君や悪に直面していますが、それにも関わらず、あらゆる場所の大多数の人々が、その精神が勝利することを望んでいることは、紛れもない事実です。このように、私たちの時代の悲劇は、まったく恩恵がなかったわけではなく、多くの場合、まさに人間の心を開く手段となってきました。共産主義の崩壊がそれを証明しています。

共産主義は、利他主義を含む多くの崇高な理想を信奉していましたが、その統治幹部たちが自分たちの見解を押し付けようとしたことにより、悲惨な結果をもたらしました。これらの政府は、社会における情報の流れ全体をコントロールし、教育システムを構築し、市民が公共の利益のために働くようにするため、多大な労力を費やしました。以前抑圧的だった政権を崩壊させるために、当初は厳格な組織が必要だったかもしれませんが、その目的が達成された後は、有用な人間社会の構築に向けて、組織が貢献することはほとんどありませんでした。共産主義が完全に失敗したのは、その信念を推進するために力に頼ったからです。結局、人間の本質は、共産主義が生み出した苦しみに耐えることができなかったのです。

暴力は、いかに強力に使われたとしても、自由を求める人間の基本的欲求を抑制することはできません。東ヨーロッパの都市で行進した何十万もの人々が、このことを証明しました。彼らはただ、自由と民主主義に対する人間の欲求を表現しただけなのです。とても感動的でした。彼らの要求は、新しいイデオロギーとはまったく関係なく、ただ心から語り、自由への欲求を分かち合い、それが人間の本質の核心に由来するものであることを示したのです。

実際、自由は個人にとっても社会にとっても、創造力の源です。共産主義体制が想定してきたように、単に人々に衣食住を提供するだけでは十分ではありません。もし私たちがこれらすべてを手に入れても、私たちのより深い本質を支える自由という貴重な空気が欠けているなら、私たちはただの半人であり、肉体的な欲求を満たすだけで満足する動物のようなものです。

旧ソ連や東ヨーロッパでの平和的な革命は、私たちに多くの素晴らしい教訓を与えてくれたと感じています。一つは、真実の価値です。人は、個人であれ、システムであれ、いじめられたり、騙されたり、嘘をつかれたりすることを好みません。そのような行為は、人間の本質的な精神に反するものだからです。ですから、欺瞞を行い、武力を行使する人々が、短期的にはかなりの成功を収めたとしても、最終的には打倒されるのです。

一方、誰もが真実を高く評価し、真実に対する敬意は、私たちの血の中に流れています。真実は、最高の保証人であり、自由と民主主義の真の基盤です。弱者であろうと、強者であろうと、あなたの主張の支持者が多かろうと少なかろうと、真実はやはり勝つのです。一九八九年以降に成功を収めた自由運動が、人々の最も基本的な感情の真の表現に基づいていたという事実は、私たちの政治生活の多くにおいて、真実そのものが依然として深刻な不足を抱えていることを思い出させる貴重なものです。

特に、国際関係を築く上で、私たちは真実にほとんど敬意を払っていません。必然的に、ほとんどの社会の弱い層が、より裕福で権力のある者の手によって苦しんでいるのと同じように、弱小国は強国によって操られ、抑圧されています。これまで、真実の単純な表現は非現実なものとして退けられてきましたが、ここ数年間は、真実が人間の心に、そして歴史の形成において計り知れない力を持っていることが証明されました。

東ヨーロッパからの二つ目の大きな教訓は、平和的な変化です。かつて奴隷にされた人々は、自由を求める闘争でたびたび暴力に訴えました。現在、マハトマ・ガンジーやマーティン・ルーサー・キング・ジュニアの足跡を辿ることで、これらの平和的な革命は、未来の世代に成功した非暴力の変革の素晴らしい例を提供しています。将来、再び社会の大きな変革が必要となるとき、私たちの子孫は、平和的闘争の模範、つまり十数カ国と何億もの人々を巻き込んだ、前例のない規模の真のサクセスストーリーとして、現代を振り返ることができるでしょう。さらに、最近の出来事は、平和と自由の両方に対する願望が、人間の本質の最も根本的なレベルにあり、暴力はその完全な対極にあることを示しています。

私は、暴力の問題に取り組むことが重要であると考えています。あらゆるレベルで暴力を排除することが世界平和のために必要な基盤であり、あらゆる国際秩序の究極の目標でもあるのです。

一人ひとりの思いが社会を変える

メディアは毎日、テロや犯罪、侵略の事件を報道しています。私は、死や流血の悲劇的な物語が、新聞や放送電波を埋め尽くさない国に行ったことがありません。そのような報道は、ジャーナリストにとっても視聴者にとっても、ほとんど中毒になっています。

しかし、人類の圧倒的多数が、破壊的な行動をとるわけではなく、この地球上の五十億人のうち、実際に暴力行為を行う人は、ごくわずかです。私たちのほとんどは、できるだけ平和でありたいと思っています。

基本的に私たちは皆、暴力的な人でさえも、平穏を大切にしています。例えば、春になると日が長くなり、日差しが増し、草や木が生き生きとし、すべてがとても新鮮になります。人は幸せを感じます。秋には、葉が一枚、また一枚と落ち、美しい花はすべて枯れてしまい、私たちはむき出しの、裸の植物に囲まれることになります。私たちは、あまり楽しく感じません。どうしてでしょうか。それは、私たちは心の奥底で、建設的で実り豊かな成長を望み、物事が崩れたり、滅びたり、破壊されるのを嫌うからです。破壊的な行動はすべて、私たちの基本的な本質に反するものです。建設的で発展的であることが、人間の道なのです。

暴力を克服する必要があることは、誰もが認めるところでしょうが、暴力を完全に排除するのであれば、まず暴力に価値があるのかどうかを分析すべきです。厳密に実際的な観点からこの問題に取り組むと、暴力が確かに役に立つように見える場合があることがわかります。力によって問題を素早く解決することができるからです。しかし同時に、このような成功は多くの場合、他者の権利や幸せを犠牲にしています。その結果、ある問題が解決されたとしても、別の問題の種が蒔かれてしまうのです。

一方、その人の大義が健全な推論によって裏付けられているのであれば、暴力を行使する意味がありません。利己的な欲望以外に動機がなく、論理的な推論によって目的を達成できない人が、力に頼るのです。たとえ家族や友人が反対しても、正当な理由がある人は、それを次々に引用し、自分たちの主張を一つ一つ議論できますが、合理的な裏付に乏しい人は、すぐに怒りの餌食になります。ですから、怒りは強さの表れではなく、弱さの表れなのです。結局のところ、自分の動機と相手の動機を吟味することが重要なのです。

暴力にも非暴力にもさまざまな種類がありますが、外的要因だけで区別することはできません。もし、動機が否定的であれば、その動機が生み出す行動は、穏やかで優しく見えても、深い意味では暴力的です。逆に、動機が誠実で肯定的な場合、状況が厳しい行動を必要としても、実質的には非暴力を実践していることになります。どのような場合であっても、単に自分のためだけではなく、他者の利益のための思いやりのある配慮こそが、武力行使を正当化する唯一の理由であると、私は思います。

非暴力の真の実践は、私たちの地球上ではまだやや実験的ですが、愛と理解に基づいたその追求は神聖なものです。この実験が成功すれば、さらなる平和な世界への道が開かれるでしょう。

非暴力による受動的抵抗を用いた長期的なガンジー的闘いは、すべての人に適しているわけではなく、そのような行動方針は「東洋人により向いている」と、西洋人が時々主張するのを聞いたことがあります。西洋人は活動的なので、たとえ命を犠牲にしてもあらゆる状況で、すぐに結果を求める傾向があります。このアプローチは、必ずしも有益ではないと思います。しかし、非暴力の実践が私たちすべてに適していることは確かです。それは、単に決意を必要とするだけです。東ヨーロッパの自由運動はすぐに目標を達成しましたが、非暴力の抗議はその性質上、たいてい忍耐が必要です。

この点に関して、弾圧の残忍さや彼らが直面する困難な闘いにもかかわらず、中国の民主化運動に携わる人々が常に平和であり続けることを祈ります。私は、彼らがそうであると確信しています。参加した中国の若い学生たちの大半は、特に厳しい共産主義の下で生まれ育ちましたが、一九八九年の春、彼らは自発的にマハトマ・ガンジーの受動的抵抗の戦略を実践しました。これは、驚くべきことであり、究極的には人間は皆、たとえどんなに洗脳されていたとしても、平和の道を追求したいと願っていることを明確に示しています。

私はチベットを、以前私が「平和地帯」と呼んでいた、武器が禁止され、人々が自然と調和して暮らす中立的な非武装の聖域だと考えています。これは単なる夢物語ではなく、私たちの国が侵略される以前の千年以上もの間、チベット人が生きようとした方法そのものなのです。誰もが知っているように、チベットではあらゆる種類の野生生物が、仏教の原則に従って厳格に保護されていました。また、少なくとも過去三百年間は、まともな軍隊がありませんでした。チベットは、三人の偉大な宗教王の治世の後、六世紀と七世紀に国策の手段としての戦争を放棄しました。

地域社会の発展と軍縮という課題に関して私が提案したいのは、各コミュニティの「中心」となるのは、軍事力が禁止されている平和地帯になることを決定した一つ、または複数の国である可能性があるということです。これもまた、単なる夢物語ではありません。一九四八年十二月に、コスタリカは軍隊を解散しました。一九八九年には、スイスの人口の三七％が軍隊の解散を決議しました。国民がそう選択すれば、国家はその本質を変えるための急進的な措置をとることができるのです。

地域社会内の平和地帯は、安定のオアシスとして機能するでしょう。コミュニティ全体によって作り出された集団力のコストを公平に負担する一方で、これらの平和地帯は、完全に平和な世界の先駆者であり、指標であり、いかなる紛争にも巻き込まれることがなくなるでしょう。アジア、南米、アフリカで地域社会が発展し、軍縮が進んですべての地域から国際部隊が誕生すれば、こうした平和地帯は拡大し、成長するにつれ平安が広がっていくでしょう。

私は、現代の議論に国連を含めていません。それは、より良い世界を創造するための重要な役割と、それを実現するための大きな可能性の両方は、あまりにもよく知られているからです。定義上、国連はどのような大きな変化が起ころうとも、まさにその中心にいなければなりません。しかし、国連は将来に向けてその構造を修正する必要があるかもしれません。私は、国連に常に大きな期待を寄せてきましたが、批判を意図するものではなく、国連憲章が構想された第二次世界大戦後の情勢が変化したということを、私はただ指摘したいだけなのです。その変化に伴い、国連、特に常任理事国五カ国を擁するやや排他的な安全保障理事会を、さらに民主化する機会が到来しており、より代表的なものにする必要があります。

私は、将来については楽観的です。最近の傾向は、より良い世界への大きな可能性を示唆しています。五十年代や六十年代になっても、戦争は人類にとって避けることのできない事情であると信じられていました。特に冷戦は、対立する政治体制はぶつかり合うだけで、競争したり協力し合うことさえできないという概念を強めました。現在、このような考えを持つ人はほとんどいません。今日、地球上のすべての人々が、世界の平和を心から願っています。彼らは、イデオロギーを提唱することにあまり興味がなく、共存することに遥かに熱心に取り組んでいます。これは、非常に前向きな進展です。

また、何千年もの間、人々は厳格な規律方法を採用した独裁的組織のみが、人間社会を統治できると信じていました。しかし、人は生まれながらにして自由と民主主義を望んでおり、独裁主義と対立してきました。今日、どちらが勝ったかは明らかです。非暴力的な「人民の力」運動の出現は、人類が専制政治の支配下では寛容になることも、適切に機能することもできないことを明白に示しています。この認識は驚くべき進歩です。

もう一つの希望に満ちた進展は、科学と宗教の融和性が高まっていることです。十九世紀から二十世紀の大半にかけて、人々はこれらの一見矛盾する世界観の対立に深く困惑してきました。今日、物理学、生物学、心理学は非常に洗練されたレベルに達しており、多くの研究者が宇宙と生命の究極的な本質について、最も深い問いを投げかけ始めています。

このように、もっと統一した見方ができる可能性があります。特に、心と物質に関する新しい概念が生まれつつあるようです。東洋は心を、西洋は物質を理解することに関心を持ってきました。この二つが出合ったことで、精神的な人生観と物質的な人生観が、より調和するようになるかもしれません。

地球に対する私たちの態度の急激な変化は、希望の源でもあります。つい十年から十五年前まで、私たちは、まるで限りがないかのように、軽率に地球の資源を消費していました。そして今、個人だけではなく、政府もまた新たな生態秩序を求めています。私はよく、月や星は美しく見えるが、その上で生活しようとしたら悲惨なことになるだろう、と冗談を言います。私たちのこの青い惑星は、私たちが知っている中で最も楽しい生息地なのです。地球の生命は、私たちの生命であり、地球の未来は、私たちの未来なのです。私は、地球そのものが感覚を持つ存在だとは思っていませんが、地球は確かに私たちの母親のような役割を果たしており、私たちは子供のように母のような地球に依存しているのです。

今、母なる自然は、私たちに協力するように言っています。温室効果やオゾン層の悪化といった地球規模の問題を前にして、個々の組織や単一の国家は無力です。私たち全員が協力しなければ、解決策は見つからないでしょう。私たちの母は、普遍的な責任についての教訓を教えてくれているのです。

私たちが学び始めた教訓のおかげで、今世紀はより友好的で、より調和的で、害の少ないものになるといえると思います。平和の種である慈悲が花開くでしょう。私はとても期待を寄せています。同時に、私たち一人ひとりが、私たちのグローバルファミリーを正しい方向へと導く責任があると信じています。幸せを祈る気持ちだけでは十分ではありません。私たちは、責任を負わなければなりません。人間の大きなムーブメントは、個々の人間の取り組みから生まれます。もしあなたが、自分には大した効果はないと思っているなら、次の人もがっかりしてしまい、せっかくのチャンスが失われてしまいます。その一方で、私たち一人ひとりが利他的な動機を高める努力をするだけで、他の人々を鼓舞することができるのです。

世界中の多くの誠実で真摯な人々が、私がここで述べたような考えをすでに持っているはずです。残念ながら、誰も彼らに耳を傾けないのです。私の声も届かないかもしれませんが、彼らに代わって話してみるべきだと思ったのです。もちろん、ダライ・ラマがこのように書くのはおこがましいと感じる人もいるでしょう。しかし、ノーベル平和賞を受賞した以上、私には、そうする責任があると思っています。もしノーベル賞の賞金を受け取って、自分の好きなように使ってしまったら、まるで私が過去にあれだけ良い言葉を口にしてきた唯一の理由が、この賞をもらうためだったかのように見えてしまうでしょう！　しかし、賞をいただいたからには、私が常に表明してきた意見を主張し続けることで、栄誉に報いなければなりません。

私としては、個人が社会を変えることができると心から信じています。現在のような大きな変革期は、人類の歴史上めったに訪れないのですから、時間を最大限に活用し、より幸せな世界を築くのは、私たち一人ひとりにかかっているのです。

第十二章　科学の岐路で

この章は、二〇〇五年十一月十二日にワシントンD.C.で開催された神経科学学会の年次総会でのダライ・ラマ法王による講演に基づいています。

過去数十年の間に、人間の脳と人体全体に対する科学的理解は飛躍的に進歩しました。さらに、遺伝学の新たな発展により、生物有機体の仕組みに関する神経科学の知識は、今や個々の遺伝子の最も微細なレベルにまで達しています。その結果、生命のコードそのものを操作するという予想もしなかった技術的な可能性が生まれ、それにより人類全体にとって、全く新しい現実を創り出す可能性が高まっています。

今日、科学と広く人類との接点に関する問題は、もはや学術的な関心だけの問題ではありません。この問題は、人類の存亡を憂慮するすべての人々にとって、緊迫感を伴うものでなければなりません。したがって、神経科学と社会との対話は、人間であることが何を意味するのか、私たちが他の衆生と共有する自然界に対する責任についての基本的な理解を深められるという点で、大きな利益をもたらす可能性があると、私は感じています。私は、この幅広い接点の一環として、一部の神経科学者らの間で、仏教の観想的分野と奥深い対話をすることへの関心が高まっていることを、嬉しく思います。

私自身の科学への興味は、チベットで育った落ち着きのない少年の好奇心から始まりましたが、次第に、現代世界を理解する上で、科学技術が非常に重要であることを理解するようになりました。特定の科学的観念を把握しようとしただけでなく、科学によってもたらされた人類の知識と技術力の新たな進歩のより広い意味合いを探ろうとしてきました。私が長年に亘り探究してきた科学の具体的な分野は、亜原子物理学、宇宙論、生物学、心理学です。これらの分野に関する私の理解は限られているため、カール・フォン・ヴァイツゼッカーと故デヴィッド・ボームが、私のために多大なる時間を割いてくださったことに深く感謝しています。私にとってこの二人は、量子力学の恩師です。

そして生物学、特に神経科学の分野では、故ロバート・リヴィングストンとフランシスコ・ヴァレラにも大変感謝しています。また、一九八七年にインドのダラムサラにある私の住まいで始まった、マインド・アンド・ライフ会議（心と生命の会議）を始めた、マインド・アンド・ライフ・インスティテュート（心と生命研究所）の後援を通じて、私が対話する機会に恵まれた数多くの著名な科学者の方々にも感謝しております。このような対話は、長年に亘って続けられており、実際、最新の「心と生命」の対話は、つい先日ここワシントンで終了しました。

こう不思議に思う人もいるかもしれません。「仏教の僧侶が、科学にこれほど深い関心を持って何をしているのですか。古代インドの哲学的、精神的伝統である仏教と現代科学との間に、どんな関係があるのでしょうか。神経科学のような科学的分野が、仏教の瞑想的伝統と対話することによって、どのようなメリットが考えられるのでしょうか」

仏教の瞑想的伝統と現代科学は、歴史的、知的、文化的に異なるルーツから発展してきましたが、その根底には、特に基本的な哲学的展望と方法論において大きな共通点があると思います。

哲学的なレベルでは、仏教も現代科学も、超越的な存在として概念化されたものであれ、魂のような永遠不変の原理として、または現実の根本的な基礎として概念化されたものであれ、絶対的な概念に対して深い疑念を抱いています。仏教も科学も、宇宙と生命の進化と出現を、因果の自然の法則の複雑な相互関係の観点から説明することを好みます。

方法論の観点からは、どちらの伝統も経験主義の役割を強調しています。例えば、仏教の伝統的な探求では、経験、理由、証明という三つの認識された知識源の間で、優先されるのは経験の証拠であり、理由はその次で、証明は最後です。つまり、仏教の現実の探求では、少なくとも原理上は、経典がいかに深く崇拝されていようとも、経験的証拠が経典の権威に勝るべきなのです。理由や推論によって導き出された知識であっても、その妥当性は最終的には経験によって観察された事実に由来するものでなければなりません。このような方法論的な観点から、現代の宇宙論や天文学の経験的に検証された洞察は、古代の仏典に見られるような伝統的な宇宙論の多くの側面を修正するか、場合によっては否定せざるを得ないと、私はたびたび仏教の仲間に言ってきました。

仏教の現実の探求の根底にある第一の動機は、苦しみを克服し、人としてあるべき状態を完成させるといった根本的な探究であるため、仏教の伝統的な探究の主な方向性は、人間の心とそのさまざまな機能を理解することに向けられてきました。ここでは、人間の心理をより深く理解することで、私たちの思考、感情、そしてその根底にある傾向を変容させる方法を見つけることができ、より健全で充実した生き方を見つけることができるかもしれない、という前提に立っています。仏教の伝統が、精神状態の豊富な分類や、特定の精神的資質を磨くための瞑想技法を考案したのは、こうした背景があるからです。

ですから、認知や感情から人間の脳に内在する変容能力の理解に至るまで、人間の心に関わる広範な問題について、仏教と現代科学が蓄積してきた知識と経験との真の交流は、非常に興味深く、潜在的に有益である可能性もあります。私自身の経験では、ポジティブな感情とネガティブな感情、注意力、心象の性質と役割、また脳の可塑《かそ》性のような疑問ついて、神経科学者や心理学者と対話することで、とても豊かな気持ちになりました。生後数週間の乳児の脳の物理的な成長にとって、単純なスキンシップが極めて重要な役割を果たすという神経科学や医学からの説得力のある証拠は、思いやりと人間の幸せが深く関わっていることを痛感させてくれます。

仏教は長らく、人間の心の中に生まれつき存在する変容への大きな可能性を主張してきました。この目的のために、仏教の伝統は、慈悲と智慧の結合と呼ばれる、思いやりの心を養うことと、現実の本質に対する深い洞察力を育むことの特に二つの主な目標を目指し、幅広い瞑想的技法、または瞑想の実践を発展させてきました。これらの瞑想の実践の中心には、一方では注意の洗練とその持続的な適用、もう一方では、感情の調節と変容という、二つの重要な技法があります。この二つのケースにおいて、私は仏教の瞑想の伝統と神経科学との間に、共同研究の大きな可能性があると感じています。

例えば、現代の神経科学は、注意力と感情の両方に関連する脳のメカニズムについての豊かな理解を発展させてきました。一方で、仏教の瞑想の伝統は、精神修養の実践に関心を寄せてきた長い歴史を考慮して、注意力を磨き、感情を調整し変容させるための実践的なテクニックを提供しています。したがって、現代の神経科学と仏教の瞑想的学問が出会うことで、特定の精神プロセスにとって重要であると脳回路に対する、意図的な精神活動の影響を研究する可能性がもたらされるかもしれません。

少なくとも、このような学術的な出会いは、多くの重要な分野で重大な問題を提起するのに役立つことでしょう。例えば、個人の感情や注意力を調節する能力には限りがあるのでしょうか。それとも、仏教の伝統が主張するように、これらのプロセスを調整する能力は大きく変化しやすく、これらの機能に関連する行動や脳のシステムも同じように変化しやすいのでしょうか。

仏教の瞑想的な伝統が重要な貢献を果たす可能性がある分野の一つに、慈悲の心を訓練するために開発された実践的な技法があります。注意（力）と感情の調節の両方におけるメンタルトレーニングに関して、年齢や健康状態、その他の変動要因のニーズに合わせて新しい方法を調整できるように、特定の技法がその有効性の観点から、時間的制約を考慮できるかどうかという問題を提起することも極めて重要になります。

しかし、注意が必要です。仏教と精神科学のような根本的に異なる二つの調査伝統が、学際的な対話に持ち込まれる場合、文化や学問の境界を超えた交流につきものの問題が伴うことは避けられません。

例えば、私たちが「瞑想の科学」について語るとき、そのような表現が何を意味しているのかを、正確に理解する必要があります。科学者側としては、伝統的な文脈における「瞑想」のような重要な用語が持つさまざまな意味合いに敏感になることが重要であると感じています。例えば、伝統的な文脈では、瞑想のことを【バーヴァナ：bhavana（サンスクリット語）】、または【ゴム：gom（チベット語）】といいます。サンスクリット語では、特定の習慣や在り方を養うといった修養の概念が含まれており、チベット語の「ゴム」には、馴染み、親しみを養うという意味合いがあります。つまり、簡単に言うと、伝統的な仏教の文脈における瞑想とは、選択した対象、事実、テーマ、習慣、考え方、在り方など、馴染みを深めるための意図的な精神活動のことです。

大まかに言えば、瞑想の実践には二つのカテゴリーがあります。一つは心を静めることに焦点を当てたもので、もう一つは理解の認知プロセスに焦点を当てたものです。この二つは、（ⅰ）安定化瞑想（ⅱ）論議的瞑想と呼ばれています。どちらの場合も、瞑想は様々な形をとることができます。

例えば、自分の儚い性質について瞑想するなど、何かを自分の認識の対象とする形を取ることもあります。あるいは、他の人の苦しみを和らげたいという、心からの利他的な願望を育むことによって、慈悲のような特定の精神状態を養うという形を取ることもあります。あるいは、想像力という形を取って、心のイメージを生み出す人間の可能性を探ることもでき、心の健康を養うためにさまざまな方法で使われるかもしれません。

ですから、共同研究に携わる際には、研究されている瞑想の実践の複雑さと科学研究の精巧さが一致するように、どのような具体的な瞑想の形式を調査しているのかを意識することが重要です。

科学者側に批判的な視点が求められるもう一つの分野は、仏教思想と瞑想の実践の経験的側面と、これらの瞑想の実践に関連する哲学的、形而上学的な仮定とを区別する能力です。言い換えれば、科学的なアプローチにおいて、理論的な仮定、実験に基づく経験的観察、その後の解釈を区別しなければならないのと同様に、仏教においても、理論的な仮定、経験的に検証可能な精神状態の特徴、それに続く哲学的な解釈を区別することが重要なのです。こうすることで、対話を行う双方が、一方の学問の枠組みを他方の学問の枠組に縮小するという誘惑に陥ることなく、人間の心の経験的で観察可能な事実という共通点を見出すことができるのです。

哲学的な前提や、それに続く概念的な解釈は、この二つの調査伝統の間で異なるかもしれませんが、経験的な事実に関する限り、それをどのように述べようとも、事実は事実のままでなければなりません。意識の最終的な性質についての真実が何であれ、それが最終的に物理的なプロセスに還元できようができまいが、私たちの認識、思考、感情のさまざまな側面に関する経験的な事実についての理解を共有できると、私は信じています。

このような注意点を踏まえた上で、この二つの調査伝統が緊密に協力することで、私たちが「心」と呼んでいる内なる主観的経験に対する、複雑な世界における人間の理解を広げることに、真に貢献できると信じています。すでに、このような共同研究の恩恵は実証され始めています。予備報告書によると、定期的なマインドフルネスの簡単な実践や、仏教で培われた慈悲の心を意図的に育むといった精神修養が、ポジティブな精神状態と相関する人間の脳に観察可能な変化をもたらす効果を測定することができます。

最近の神経科学の発見により、自発的な運動や豊かな環境などの外的な刺激にさらされた結果、シナプス結合と新しいニューロンの誕生といった、脳の生来の可塑性が実証されました。仏教の瞑想の伝統は、神経の可塑性にも関係すると思われる精神修養のタイプを提案することによって、この科学的探求の分野を拡大するのに役立つかもしれません。仏教の伝統が示唆しているように、精神的な実践が観察可能な脳のシナプスや神経の変化に影響を及ぼすことが明らかになれば、これは広範囲に影響を及ぼす可能性があります。

このような研究の反響は、単に人間の心についての知識を広げるということにとどまらず、おそらくより重要なこととして、教育やメンタルヘルスについての理解にも大きな意味を持つかもしれません。同様に、仏教の伝統が主張するように、慈悲の心を意図的に育むことで、個人の考え方が根本的に変化し、他者への共感が深まるのなら、それは社会全体にも大きな影響を与える可能性があります。

最後に、神経科学と仏教の瞑想の伝統の共同研究は、倫理と神経科学の接点という極めて重要な問題に新たな光を当ててくれると、私は信じています。倫理と科学の関係について人がどのような考えを持っていたとしても、実際の実践では、科学は主に道徳的に中立で価値にとらわれない立場を持つ経験的な学問として発展してきました。科学は、経験的な世界とその根底にある自然の法則に関する詳細な知識を与える探求様式として、本質的に認識されるようになりました。

純粋に科学的な観点から見れば、核兵器の開発は本当に驚くべき成果です。しかし、この開発は想像を絶する死と破壊によって多くの苦しみを与える可能性があるため、私たちはこれを破壊的なものとみなしています。何が肯定的で何が否定的かを決定するのは、倫理的評価です。最近まで、人間の道徳的思考能力は人間の知識とともに進化するという理解のもと、倫理と科学を分離するというこのアプローチは成功していたように見えます。

人類は今、重大な岐路に立っていると思います。二十世紀末に神経科学、特に遺伝学の分野で起こった急激な進歩は、人類の歴史に新たな時代をもたらしました。細胞レベル、遺伝子レベルでの人間の脳と身体に関する私たちの知識は、結果として遺伝子操作のために提供される技術的な可能性とともに、これらの科学の進歩による倫理的な課題が非常に大きい段階に達しています。私たちの道徳的な考えが、知識と力の獲得におけるこのような急速な進歩に追いついていけないことは、あまりにも明白です。

しかし、これらの新しい発見とその応用がもたらす影響は、非常に広範囲に及んでおり、それは人間の本質と人類の保存という概念そのものに関連しています。ですから、社会としての私たちの責任は、単に科学的知識を深め、技術力を向上させることであり、この知識と力をどう使うかは個人の手に委ねられるべきだという見解を採用することは、もはや適切ではありません。

私たちは、科学の発展、特に生命科学の発展の方向性に関係する、基本的な人道的、および倫理的考慮をもたらす方法を見つけなければなりません。私は、基本的な倫理原則を持ち出すことで、宗教的倫理と科学的探求の融合を提唱しているのではありません。むしろ私が言っているのは、「世俗的倫理」と呼ぶものであり、それは慈悲、寛容、思いやり、他者への配慮、責任ある知識と権力の使用などの、重要な倫理原則を包括しています。これらの原則は、宗教を信じる人と信じない人、この宗教の信者とあの宗教の信者といった垣根を越えるものです。私は個人的に、科学を含むすべての人間の営みを、手のひらの指のように想像するのが好きです。これらの指一本一本が、人間の基本的な共感と利他主義という手のひらとつながっている限り、手の指は人類の幸福に貢献し続けるでしょう。

私たちは真にひとつの世界に生きています。現代経済、電子メディア、国際観光、そして環境問題など、今日の世界がいかに相互に深く結びついているかを日々思い知らされます。科学界は、この相互につながった世界において、極めて重要な役割を担っています。歴史的な理由が何であれ、今日、科学者は、私の専門分野である哲学や宗教よりもはるかに、社会から大きな尊敬と信頼を得ています。私は科学者の方々に対し、人として誰もが共有している基本的な倫理原則を、彼らの専門分野に取り入れてくださるよう訴えたいと思います。

謝辞

※二〇〇八年刊行当時の文章を訳したものです。

ダライ・ラマ法王は、約三十年もの間、大きな忍耐と変容する愛情で、私のような不相応な「生徒（弟子）（chela）」を、受け入れてくださったことに深く感謝しています。ダライ・ラマ法王は、大きな慈悲の心で、ダルマを理解しようとする私の努力を優しく励まし、支えてくださいました。この本を編集しまとめることは、そのようなプロジェクトの一つであり、私にとって深い学びの経験でした。この本にある至らない点は、すべて私の責任です。

普遍的責任財団と私は、チベット文献図書館の館長として、またチベット図書館の権利管理者として、両機関の出版物からの抜粋の使用を許可してくださったヴェン・ラクドール氏に深く感謝いたします。また、法王庁と当時の秘書であるテンジン・ゲイシェ氏には、他の多くの抜粋の使用許可の確保と付与においてご協力とご支援を賜り感謝申し上げます。チメ・アール・チェヨキャパ氏（秘書）、テンジン・タカーラ氏（共同秘書）、テムサ・ツェリン氏（デリー大臣兼代表）には、時間、知恵、支援を惜しみなく提供し続けていただきました。

私のチベットの家族である、テンジン・チョオギャルとリンチェン・カンドは、長年にわたり、時に寛大に、大きな励ましを与えてくれました。

ヘイハウスは、素晴らしく、忍耐強く、最も心強い出版社です。アショク・チョプラは、私に手を差し伸べ、現在多数の本が進行中である作家としての私の世界を広げるよう励ましてくれました。ヘイハウスの編集者である、ラティィカ・カプールは、細部にまで注意を払い、稀にある分かりにくいミッシングリンクを見抜いてくれました。

原稿が展開する過程で、貴重な洞察や提案を提供してくださった、スワティィ・チョプラ、シャリニ・スリニバス、ジャスジート・プレワル、ビンドゥ・バドシャに感謝申し上げます。

財団のスタッフ、特にクンジョ・タシ、ラジ・ラマナン、トゥプテン・ツェワン、R・ラリタは、常に助けの手を差し伸べてくれました。クリパ・コンサルタンツのパドミニとクリシュナン、そして公共放送信託の同僚であるトゥリカ・スリヴァスタヴァ、リディィマ・メーラ、ソーニ・ラリア・ラム、アールティィ・ナライン、スンリ・スリヴァスタヴァは、このような取り組みのための時間と空間を作るため、私の日常の業務の多くを引き受けてくれました。

私の妻であり、親友でもあるミーナクシ・ゴピナス、私の父ハール・ナライン・メロートラ、亡き母シャンティィ・メロートラ、そしてサラダ・ゴピナスは、ダルマについて正式に学ぶことなく、ダルマについて多くのことを教えてくれました。

ラジーヴ・メロートラ（Rajiv Mehrotra）

理事兼秘書

ダライ・ラマ法王普遍的責任財団、ニューデリー

日本での刊行に寄せて

この度、ダライ・ラマ法王十四世の教えと考察をまとめた『In My Own Words』の日本語版をご紹介できることとなり、大変嬉しく思います。本書は、非暴力、慈悲、内なる平和の探究という原則に深く根差した、数十年にわたり収集された知見の宝庫です。日本の読者の皆さまにも、世界中の人々の心に触れてきたのと同様のインスピレーションと智慧を、本書から感じ取っていただければ幸いです。ダライ・ラマ法王の献身的な信者として、四十年以上にわたり培ってきた経験を活かしこの作品を編纂できたことは、私にとって大変光栄なことです。この日本語版では、ダライ・ラマと日本の皆さまとの永続的な友情を祝福するとともに、精神的な知見を紹介しています。ダライ・ラマ法王は、日本の文化と国民の不屈の精神に深い敬意を抱いています。本書は、その特別な絆への賛辞であり、内省、対話、そして日本とチベットが共有する精神的な旅を深める空間となっています。

ダライ・ラマの教えは、チベット仏教の豊かな伝統に根差しながらも、幸福の探究、苦しみの緩和、人生の目的の探究といった普遍的なテーマについて語っています。ダライ・ラマは、すべての主要な精神的伝統が、愛、慈悲、寛容という本質的価値観を共有していることを常に私たちに思い出させます。そのため、彼の言葉は誰にとっても意味のあるものとなっています。ダライ・ラマ法王は、日本に対して特別な親愛の情を抱いており、その深い仏教のルーツと、日本が重視するマインドフルネス、自然への敬意、歴史の尊重を高く評価しています。

日本とダライ・ラマの関係は、相互の尊敬と称賛の上に築かれています。一九六七年の初来日以来、ダライ・ラマは二十回以上も来日し、仏教の指導者や学者、一般の方々と深く交流してきました。来日中には、様々なテーマについて知見を分かち合いました。

日本の信奉者は、ダライ・ラマの教えを長年にわたって高く評価しており、日本仏教とチベット仏教の間には多くの共通点があると考えています。日本での数多くの交流の中でも、禅仏教徒との対話は特に注目に値します。ダライ・ラマは禅宗、浄土宗、日蓮宗の指導者たちと有意義な交流を行い、彼らが瞑想と慈悲に焦点を当てていることに共通点を見出しました。禅宗が重視するマインドフルネス、直接体験、坐禅の実践は、穏やかで集中力のある心を養うというダライ・ラマの教えと密接に一致しています。彼は常に、深い敬意と称賛をもって禅を語ってきました。

どちらの伝統も、悟りを求めるのは自分自身のためではなく、すべての存在の利益のためであるという菩薩の理想に献身するという点で共通しています。これは、すべての衆生の苦しみを和らげることを使命とする慈悲の菩薩である観音に対する日本人の畏敬の念に美しく反映されています。

さらに、悟りへの道としての「空（無）」や「慈悲（悲）」といった概念に関するダライ・ラマの考察は、日本の仏教思想と強く共鳴しています。

今この瞬間に生きるという禅のアプローチは、ダライ・ラマのマインドフルネスと菩提心（悟りを求めようとする心）を育むという教えと深く結びついています。これらの対話を通じて、法王は日本とチベットの精神的伝統の理解と相互尊重を深めることに貢献しました。

法王が強調する世俗的な倫理観、つまり宗教的信条を超えた慈悲や親切心といった資質は、社会の調和、謙虚さ、他者への思いやりを深く重んじる日本の多くの人々の心に響いています。この視点は、マインドフルネスと社会への責任という日本の伝統と一致しています。ダライ・ラマ法王は、日常生活や教育の場でこれらの価値観を育むことで、より平和な世界を築くことができると信じています。

法王は来日中、日本人の回復力や団結力、そして豊かな伝統を守りながらも現代の生活を受け入れる能力を称賛しました。その主な例としては、日本が自然の美しさを守ることに尽力している点であり、これは私たちが共有する地球を大切にしようというダライ・ラマの呼びかけと共鳴するものです。ダライ・ラマはたびたび、私たちの地球を、人間と環境が相互につながり合った典型的な家と表現しています。この概念は、日本では「和」として知られ、自然との深い調和を表しています。二〇一一年の東日本大震災や津波などの災害後に法王が被災地を訪問し、生存者と祈りを捧げ、支援を提供し、多くのものを失った人々を慰めたことは、非常に意義深いものでした。悲しみと不安に直面する多くの人々にとって、法王の存在は希望と慰めをもたらしました。

このような困難な時に、ダライ・ラマは、すべてのものは絶えず変化するという仏教の無常観について語りました。彼は、このような悲劇によってもたらされた深い苦しみを理解し、人間の精神の回復力と、コミュニティとして団結する力を強調しました。またダライ・ラマは、人々に互いへの優しさと思いやりを通して強さを見出すよう促しました。彼の希望と団結のメッセージは、人生の無常や逆境を乗り越えるための思いやりの役割を文化的に理解している多くの日本の人々の心に深く響きました。

『In My Own Words』の日本語訳版では、読者はダライ・ラマの教えを直接探究し、独自の経験や文化的背景のレンズを通して、彼の教えを振り返ることができます。これらの教えに心を開いて取り組むことで、読者は人生の多くの困難を乗り越えるための智慧を見出すことができるでしょう。

ダライ・ラマ法王が、たびたび私たちに思い出させてくださるように、善良な心はあらゆる精神修養の基盤です。このシンプルでありながらも深い真理は、相互に結びついた世界において、真の幸福と充足感を見出すために極めて重要なのです。本書が日本の読者の皆さまにとって、ご自身の中に智慧と慈悲の心を育み、そのような資質を他者と分かち合うきっかけとなることを心から願っています。

より深い意味を求めている人々にとって、これらの教えがあなたの道を照らしてくれますように。不安を感じることが多いこの世界において、他者への優しさや謙虚さ、敬意といった不朽の価値観は、これまで以上に重要です。本書が、私たち皆がこれらの原則を体現し、私たちが共有する人間性、相互依存、そしてより愛に満ちた平和な世界を創造する可能性を思い起こす一助となりますようお祈り申し上げます。

ラジーヴ・メロートラ
ダライ・ラマ法王の普遍的責任財団
ニューデリー　インド (www.furhhdl.org)
二〇二五年　二月

ダライ・ラマ法王とは

ペマ・ギャルポ

ダライ・ラマ法王とは、私たちチベット人にとってはすべての願い事を叶えてくれる宝珠（イシン・ノルブ）尊大の王様（ギャルワ・リンポチェ）など多くの称号によって敬愛され、国の父、王様として宗教と政治の最高指導者です。

しかし、事実上現在はチベットの宗教的最高指導者とメディアなどでは称されています。なぜならばダライ・ラマ法王ご自身が二〇一一年、政教分離の方針を示され、政治的地位から退かれたからです。

一九五九年、祖国を離れることを余儀なくされ難民となられた法王は、その後、長年の平和的な手法によってチベット難民を導き、中国支配下の声なき祖国の同胞たちの代弁者として努力され、あらゆる宗教間の対話を促進し、世界平和に貢献されたことが高く評価され、一九八九年ノーベル平和賞を受賞されました。以来今日まで、私たちチベット人の観音菩薩の化身として、また中国圧政下のチベットにおける民族浄化や伝統文化破壊が続く中、人々の救済のために尽力されておられます。私たち民の拠りどころとなっているのは言うまでもなく、世界平和のために東奔西走なさっています。

法王は世界で最も有名な難民として、また世界平和の象徴として仏教思想を背景に人類共通の平和と幸福のため活動を展開され、世界何百万の人々から支持されています。

本著は法王ご自身の言葉を、法王の弟子でありまた著名な映画監督兼社会福祉活動家ラジーヴ・メロートラ氏が編集したものです。

ラジーヴ氏は法王がノーベル平和賞を受賞した際の賞金で設立した財団（Foundation for Universal Responsibility）の創設メンバーの一人でもあり、運営の責任者であります。

二〇二四年、私がインドを訪れた際、彼の「日本の皆さんに法王の思想や世界平和のためのメッセージをもっと伝えたい。そのため、仏教徒のみならず誰でも読める個人の精神的向上と世界平和につながるような法王の生の言葉を送りたい」という意向のもと、今回、この本を日本語で出版することになりました。

本著は仏教の専門的な言葉を出来るだけ使わないようにし、より理解しやすいものとしました。

しかし、ほかの言葉に置き換えられない仏教用語については翻訳者の家村佳子さんのほかに、僧侶でありまた学者でもある、アジア仏教クラブ座長酒生《さこう》文弥師のお力をお借りしました。

法王は、「万物は相互依存に基づき、この地球は人類にとって尊い存在であり、世界は私たち個々の人間一人ひとりから家族、そして国家で構成されており、個々の平和と世界平和は相互依存にある。私たち各々が思いやり、寛容性を持ち自助共生の精神を育むことが究極的には個人の幸せと世界平和へつながります」また、「すべての個人には、私たちの地球家族を正しい方向に導く責任があると私は信じています。良い願いだけでは不十分ですが、責任を負わなければなりません。人類の大きな営みは、個々の人間の取り組みから生まれます。自分にはあまり効果がないと感じてしまうと、次の人もやる気をなくしてしまい、せっかくのチャンスを逃してしまう可能性があります。その一方で、私たち一人ひとりは、単にそうすることで他の人にインスピレーションを与えることができます。私たち自身の利他的な動機を育むために取り組むことが大切です」とおっしゃっています。この世界を良くするのも悪くするのも、個人一人ひとりにかかっているので、一人ひとりが普遍的な価値として愛と慈悲、忍耐をもって精進することを勧めておられるのです。

この本の出版にあたり、ご尽力いただいたハート出版の日高社長、編集者西山氏、翻訳者の家村佳予子さん、酒生文弥師に感謝申し上げます。

著作権謝辞

著作物の転載を許可してくださった以下の団体と文献に感謝の意を表します。

・チベット図書館より抜粋
―『自由への道』
―『心を目覚めさせ、心を照らす』
―『平和に生き、平和に死ぬ喜び』

・チベット文献図書館
―『チベットの仏教と中道への鍵』
―『普遍的責任と善心』
―『日々の瞑想の修養』
―『心を開き、善心を生む』

・ダライ・ラマ法王庁
記事と以前未発表の作品

普遍的責任財団（The Foundation for Universal Responsibility）

「財団は、特に非暴力的手法の支援、宗教と科学間のコミュニケーションの改善、人権と民主的な自由の確保、そして貴い母なる地球の保全と回復に重点を置き、世界中の人々に利益をもたらすプロジェクトを実施します」――ダライ・ラマ法王

ダライ・ラマ法王の普遍的責任財団は、一九八九年に法王に授与されたノーベル平和賞を受けて設立された、非営利、無宗教、無宗派の団体です。国連憲章の精神に基づき、さまざまな取り組みや相互の持続的な協力を通じて、異なる宗教、職業、国籍の男女を結びつけています。財団の活動は、範囲が世界規模であり、国家主義的な政治課題を超越しています。その使命とは、

・多様性の称賛、普遍的責任の精神、および信仰、信条、宗教を超えた相互依存の理解を育むこと。
・より大きな社会変革のプロセスを促進するような方法で、個人の変革を支援すること。
・暴力的な紛争や社会不安のある地域での平和構築と共存のイニシアチブを開発し、維持すること。
・人間同士、または人間と環境との相互作用の指針として、「アヒムサ（非暴力）」を奨励し、育成すること。
・体験学習、異文化間の対話、平和と正義の世界的倫理を優先した、包括的、総体的な教育パラダイムを提供すること。
・世界各地の市民社会団体とのパートナーシップを通じて、紛争の変革、人権、民主的自由のための能力を構築すること。
・科学とスピリチャリティの架け橋となることで、心を理解するための新たな境地を探求すること。
・奨学金やフェローシップを通じて、将来の指導者や意思決定者の専門的な能力の開発を支援すること。
・財団の目的を促進するメディア製品や教材を作成すること。

著者
ダライ・ラマ法王　テンジン・ギャツォ
Dalai Lama　Tenzin Gyatso
ダライ・ラマ法王（テンジン・ギャツォ）は、第14世現ダライ・ラマである。1935年7月6日、チベット・アムド地方の農家に16人兄弟の5番目として生まれる。2歳のとき、ダライ・ラマ13世の「トゥルク（生まれ変わり）」を宣言。チベットがいわゆる中華人民共和国軍による占領に直面した中、15歳でチベットの国家元首、及び最高の宗教指導者として即位した。
1959年にチベット抵抗運動が崩壊したあと、ダライ・ラマ法王はインドに亡命し、中央チベット政権（チベット亡命政府）の設立や、同行した何千人もの難民の間でのチベット文化と教育の保護に積極的に取り組んだ。
親愛されているカリスマ的な指導者である法王は、西洋を訪れた最初のダライ・ラマである。そこで仏教を広め、普遍的責任、世俗的倫理、宗教的調和の概念の推進に貢献してきた。1989年には、その優れた著作と、国際紛争、人権問題、地球環境問題の解決におけるリーダーシップが評価され、ノーベル平和賞を受賞した。

訳者
家村佳予子　Kayoko Iemura
大阪生まれ。同志社女子大学大学院文学研究科英文学専攻　博士課程前期修了。修士論文は『日本と中国の英語教育の比較と日本英語教育への展望』。1997年中国西安西北大学にて日本語学部の講師を務める。著書に『通じる中国語』（語研）。RMIT大学英日翻訳コース修了。現在オーストラリアにて英語翻訳、執筆活動に従事。

編集協力
我妻沙織　Saori Wagatsuma

ダライ・ラマの智慧　幸せな生き方　満ち足りた死に方

令和7年3月21日　第1刷発行

著　者　ダライ・ラマ十四世　テンジン・ギャツォ
発行者　日高裕明
発行所　ハート出版
〒171-0014 東京都豊島区池袋3-9-23
TEL03-3590-6077　FAX03-3590-6078

ISBN978-4-8024-0177-7　C0015

印刷・製本／中央精版印刷　編集担当／西山　日高